重大工程安全风险管理丛书 | 李启明　主编　　本研究受以下项目资助：
国家自然科学基金青年项目(71801082、71801214、71802071)
教育部人文社科青年项目(18YJCZH148、18YJCZH166)
国家自然科学基金面上项目(51978164、71871116)

城市地铁系统运行的脆弱性仿真研究及应用

宋亮亮　李启明　邓勇亮　万　欣　著

东南大学出版社
SOUTHEAST UNIVERSITY PRESS
·南京·

内 容 提 要

地铁现已成为城市公共交通系统中的骨干，其运行安全问题备受关注。地铁运行安全事故发生的根本原因在于地铁系统运行的脆弱性。本书以脆弱性为切入点，研究地铁系统运行脆弱性的形成机理，从地铁干扰源和地铁自身脆弱性两个方面，对地铁系统的运行安全展开仿真研究，为地铁系统运行管理部门提供决策支持，提升地铁系统的运行安全水平。全书共分 7 章，内容包括地铁系统运行脆弱性内涵及形成机理分析、地铁系统运行干扰源特性研究、地铁系统运行脆弱性影响因素作用机制研究、地铁系统运行脆弱性影响因素重要度评估研究、地铁系统运行脆弱性仿真研究。

本书适合轨道交通设计、施工、运维等单位的管理人员和技术人员参考，也可供从事轨道交通安全研究的科研人员和相关专业的教师、研究生和高年级本科生阅读。

图书在版编目(CIP)数据

城市地铁系统运行的脆弱性仿真研究及应用/宋亮亮等著.
南京：东南大学出版社，2020.5
（重大工程安全风险管理丛书/李启明主编）
ISBN 978-7-5641-8673-9

Ⅰ. ①城…　Ⅱ. ①宋…　Ⅲ. ①地下铁道－安全管理－风险管理－研究　Ⅳ. ①U231

中国版本图书馆 CIP 数据核字(2019)第 276896 号

城市地铁系统运行的脆弱性仿真研究及应用
Chengshi Ditie Xitong Yunxing De Cuiruoxing Fangzhen Yanjiu Ji Yingyong

著　者	宋亮亮　李启明　邓勇亮　万　欣
出版发行	东南大学出版社
社　址	南京市四牌楼 2 号　邮编：210096
出版人	江建中
责任编辑	丁　丁
编辑邮箱	d.d.00@163.com
网　址	http://www.seupress.com
电子邮箱	press@seupress.com
经　销	全国各地新华书店
印　刷	江苏凤凰数码印务有限公司
版　次	2020 年 5 月第 1 版
印　次	2020 年 5 月第 1 次印刷
开　本	787 mm×1 092 mm　1/16
印　张	10
字　数	243 千
书　号	ISBN 978-7-5641-8673-9
定　价	48.00 元

本社图书若有印装质量问题，请直接与营销部联系。电话(传真)：025-83791830

总 序

　　建筑业是我国国民经济的重要支柱产业和富民安民的基础产业。与其他安全风险较高的行业(例如航空业、石化工业、医疗行业等)相比,建筑工程事故的规模相对较小,但其发生频率相对较高,危险源类型具有多样性。工程安全一直是项目管理人员和相关研究人员关注的重点。虽然建筑工程事故率的不断下降表明工程安全管理水平正在逐步提升,然而频繁发生的工程伤亡事故说明工程安全问题尚未从根本上得到解决,与"零事故"(Zero Accident)或者"零伤害"(Zero Harm)的终极目标相去甚远。相关研究结果表明,建筑工程现场的工作人员受伤或者死亡的概率要远远大于其他行业。从事建筑工程的劳动力约占总数的7%,但是其伤亡事故却占了总数的30%~40%。高事故率是全球建筑工程面临的普遍问题,建筑工程人员工作的危险系数相对较高,其工作环境相对恶劣。研究发现,如今愿意从事建筑工程生产的年轻人越来越少,重要原因可以归结为建筑行业糟糕的工作环境和相对较高的事故率使得年轻人对此行业望而却步。目前,建筑行业的老龄化现象愈发严重,作为劳动密集型的建筑行业,如果老龄化趋势继续延续,整个建筑产业的萎缩将是必然的。因此,为了能够使建筑业持续稳定发展,改善其工作环境、提高工程安全管理绩效显得十分重要,这样才能吸引年轻人返回这个古老的行业,给建筑行业不断注入新的活力。

　　与传统建筑工程相比,重大工程(Megaproject)往往具有投资额度大、技术复杂度高、利益相关者多、全生命周期长等特征。随着重大工程的建设规模越来越大、建设内容越来越多,技术(前期策划、设计、施工、运行)难度越来越高,影响面也越来越广,既包括了质量、成本、进度、组织、安全、信息、环境、风险、沟通等内容,也涉及政治、经济、社会、历史、文化、军事等多个层面。近三十年,各种类型的重大工程如雨后春笋般,在世界各地持续开展,例如中国的三峡大坝工程、日本的福岛核电站灾害处理项目、阿联酋的马斯达尔城项目、尼加拉瓜的大运河工程、美国的肯珀电站项目等。保守估计,目前全球重大工程市场的年均生产总值大约为6万亿~9万亿美元,约占全球GDP的8%。重大工程的持续发展,不断突破工程极限、技术极限和人类操控极限,增加了其安全管理与安全实施的难度,重大工程的安全问题显得尤为突出。1986年4月乌克兰切尔诺贝利核电厂第四号反应堆发生的大爆炸、2008年11月中国杭州地铁1号线土石方坍塌事故、2011年7月中国甬温线动车追尾事故等一系列重大安全事故,给国家、企业和人民造成了巨大损失,给重大工程发展抹上了阴影。因此,研究如何保证重大工程安全,杜绝重大工程安全事故发生,具有非常重要的理论价值和现实意义。

　　与一般工程相比,重大工程安全管理对安全管理的理论与方法提出了新的挑战,原有的理论与方法已经难以满足环境和系统复杂性带来的新问题对重大工程安全管理新理论与新方法的渴求,对传统的工程安全管理理论和方法进行反思和创新势在必行。本丛书总结了东南大学研究团队多年的研究成果,基于重大工程全生命周期的维度,从计划、设计、施工、运营、维护等方面对重大工程安全管理进行全面的阐释。研究重点从传统的施工阶段拓展到包括设计、运营的全生命周期阶段的安全风险管理;从传统安全风险管理内容深化到安全风险的预测和预警;从一般风险事件聚焦到国际重大工程的政治风险、重大工程的社会风险、PPP项目残值风险等特定风险。本丛书作者来自东南大学、南京航空航天大学、中国矿业大学、河海大学、北京科技大学等单位。作者李启明教授、邓小鹏副教授、吴伟巍副教授、陆莹副教授、周志鹏博士、王志如博士、邓勇亮博士、万欣博士,以及季闯博士、贾若愚博士、宋亮亮博士等长期从事重大工程安全管理的研究工作。由于本丛书涉及重大工程安全管理的多个方面,限于作者们的水平和经验,书中不妥之处在所难免,欢迎读者批评指正。

李启明

2016年10月9日

前　言

  作为人们日常出行必不可少的公共交通工具,地铁在现代人生活中扮演着至关重要的角色。地铁由于在土地利用、能源消耗、空气质量、景观质量、客运质量等方面的优势,逐步成为许多大城市交通发展战略中的骨干,受到城市规划者和城市居民的青睐。然而,地铁是极其脆弱的复杂社会技术系统(Socio-Technical System,STS),地铁运营易受到干扰事件的影响,引发地铁运营事故,轻则造成列车的晚点或停运、乘客滞留无法疏散,影响人们的安全正点出行,重则造成全线路网的瘫痪、重大设备的损毁,带来人员伤亡和重大经济损失,影响整个城市的正常健康运转。除了舒适的运营环境,乘客更需要地铁公司提供一个可靠而又安全的乘车空间。在地铁系统运行过程中,将安全放在首要位置,成为众多研究人员和从业者广泛认可的观点。因此,需要进一步深入挖掘地铁系统运行不安全的原因,脆弱性为这一研究打开了一个新的视野。本书从地铁系统运行脆弱性的角度出发,明确地铁系统运行脆弱性(Metro Operation Vulnerability,MOV)的含义及其形成原因,从地铁干扰源和地铁自身脆弱性两个方面,对地铁系统的运行安全展开仿真研究,提出控制 MOV 的方法和措施,给出相应改进建议,为地铁运行安全的管理和决策工作提供理论支撑和技术支持。

  (1) 通过对大量现有研究文献进行详细梳理,总结安全风险研究中事故模型的研究现状、地铁运营安全研究现状、不同领域脆弱性研究现状,以及系统仿真方法研究现状,指出现有城市地铁系统运行安全研究的不足,进而针对现有研究及实践中地铁系统运行安全管理的不足,界定了本书的研究目标,明确了本书的研究内容,给出本研究的框架结构。

  (2) 界定地铁系统运行脆弱性的含义及其形成机理。在总结地铁系统运行特征的基础上,参考自然科学、社会科学和工程科学中脆弱性的定义,辨析脆弱性与可靠性、稳定性、鲁棒性、恢复力等有关概念的区别与联系,形成城市地铁系统运行脆弱性的概念,通过数学语言对概念进行了解析,拓展了 MOV 的内涵,剖析 MOV 的形成机理,明确地铁运行干扰事件和影响因素激发 MOV 造成地铁运营事故的过程,通过熵增原理对 MOV 的形成机理以及这一过程中系统熵值的变化情况做进一步解释,进而确定了地铁系统运行脆弱性研究的主要研究层次和需要解决的问题。

  (3) 构建地铁运营干扰事件网络(Metro Operation Disruptive Event Network,MODEN),解析了地铁干扰源的特性。基于地铁运营事故及风险清单,梳理总结地铁运行干扰源的类型,利用事故链技术描述不同干扰源之间的联系,在此基础上生成地铁运营干扰事件网络。基于复杂网络理论(Complex Network Theory,CNT),选取网络密度、度及度分布、平均路径长度和聚类系数等静态统计特征指标,考察 MODEN 是否具有现实网络中普遍存在的小世界特性和无标度特性,选取中心性节点指标评价节点重要程度,通过网络效率表征失去节点后网络的变化程度,考察不同节点失效对 MODEN 的影响。仿真分析结果表明:MODEN 具有较小的平均路径长度和较大的聚类系数,是小世界网络;MODEN 的累积度分布符合幂律分布形式,是无标度网络。在移除网络节点方面,RA 移除策略要优于 IA 移除策略,基于 BC 的移除策略在前期效果更好,基于 DC 的移除策略在后期更为理想;

网络结构中11.54%的中心性节点至少控制了网络的79.76%的初始效率,对网络中的中心节点进行控制,能有效控制MODEN的传播效率。

(4) 明确地铁脆弱因素对系统的作用机制。针对从人员、设备设施、环境、管理、结构和应急六个方面识别出的地铁系统运行脆弱性影响因素,通过专家调查,对这些脆弱因素进行进一步精炼,并确定这些脆弱因素之间的关系。根据脆弱因素之间的关系,综合运用解释结构模型(Interpretative Structural Modeling,ISM)明确脆弱因子间的梯阶层次结构,运用交叉矩阵相乘分类法(Cross Impact Matrix Multiplication Applied to Classification, MICMAC)绘制脆弱因子的驱动力-依赖度象限图,实现对获取的脆弱因子进行分层和分类,进而明确脆弱因素对地铁系统的作用机制。研究结果表明,地铁系统脆弱因子可以划分为最上层、中间层和最下层三个层次,最上层因素对地铁系统的作用较为直接,最下层因素对地铁系统的作用较为间接。据此,确定地铁系统运行过程中相关安全管理工作的重点,为地铁决策者提供理论支持。

(5) 量化地铁系统运行脆弱性影响因素的重要度。设计问卷对识别出的影响因素的重要度进行评估,量化各因素对地铁系统以及各因素之间的影响,基于地铁系统运行脆弱性影响因素的ISM模型,提出影响因素作用路径的6条假设,以此构建地铁系统脆弱性影响因素的一阶因子模型;基于脆弱性影响因素的HHM识别框架,构建脆弱性影响因素的二阶因子模型,利用结构方程模型(Structural Equation Modeling,SEM)进行验证。研究结果表明地铁系统脆弱性影响因素的结构方程模型能够理想地反映6个维度影响因素对地铁系统运行脆弱性的贡献度以及6个维度影响因素之间的关系,人员、管理和应急3个维度的影响因素具有较高的重要度,管理因素对人员和应急因素有显著影响,而人员因素对设备设施因素和应急因素有着显著作用。

(6) 构建地铁系统运行脆弱性的系统动力学模型。地铁系统运行脆弱性影响因素间的动态耦合作用促使地铁系统的脆弱性不断演变。利用系统动力学(System Dynamics,SD)建模技术,明晰地铁脆弱因素的动态反馈关系,构建地铁系统运行脆弱性因果关系图,并生成相应的流图模型。以南京地铁系统为对象,利用Vensim PLE仿真平台,模拟出该系统40年的脆弱性变化情况。研究结果表明:南京地铁系统的脆弱性总体呈现不断上升的趋势,这种趋势在地铁系统运行超过30年后特别明显;采取强化监督管理和加大安全投入的干预策略,脆弱性能够得到显著控制,强化监督管理在仿真前中期就取得较为理想的效果,加大安全投入的效果在仿真后期更为明显,这些结论能够为地铁系统脆弱性的调控提供理论指导和实践价值。

目 录

1 绪论 ·· 1
  1.1 研究背景及意义 ··· 1
    1.1.1 研究背景 ·· 1
    1.1.2 研究意义 ·· 3
  1.2 国内外研究现状 ··· 3
    1.2.1 事故模型研究现状 ··· 3
    1.2.2 地铁运营安全研究现状 ··· 6
    1.2.3 不同领域脆弱性研究现状 ·· 8
    1.2.4 系统仿真方法研究现状 ··· 10
    1.2.5 现有研究的评述 ··· 11
  1.3 研究目标、内容与方法 ·· 11
    1.3.1 选题来源 ·· 11
    1.3.2 研究目标 ·· 12
    1.3.3 研究内容 ·· 12
    1.3.4 研究方法 ·· 13
    1.3.5 研究框架结构 ·· 14
  1.4 本章小结 ·· 15

2 地铁系统运行脆弱性内涵及形成机理分析 ······························ 16
  2.1 地铁系统运行特点分析 ·· 16
  2.2 脆弱性概述 ··· 19
    2.2.1 脆弱性的内涵 ·· 19
    2.2.2 脆弱性相关概念辨析 ··· 21
  2.3 地铁运行脆弱性的界定与特征分析 ····································· 23
    2.3.1 地铁系统运行脆弱性含义 ·· 23
    2.3.2 地铁系统运行脆弱性数学描述 ···································· 24
    2.3.3 地铁系统运行脆弱性的特征 ······································· 25
  2.4 地铁系统运行脆弱性影响因素及形成机理分析 ····················· 26
    2.4.1 地铁系统运行脆弱性影响因素的识别 ·························· 26
    2.4.2 地铁系统运行脆弱性形成机理分析 ····························· 33
    2.4.3 基于熵增原理对地铁系统运行脆弱性的进一步诠释 ······· 38
  2.5 本章小结 ·· 40

3 基于 CNT 的地铁系统运行干扰源特性研究 ·· 42
3.1 复杂网络基本理论概述 ··· 42
3.1.1 复杂网络的基本统计指标 ·· 43
3.1.2 复杂网络节点中心性指标 ·· 45
3.2 地铁运营干扰事件网络形成过程 ·· 47
3.2.1 地铁运营事故基本统计分析 ··· 47
3.2.2 地铁运营干扰事件主要类型 ··· 49
3.2.3 地铁运营干扰事件间关系的确定 ··· 50
3.2.4 地铁运营干扰事件网络的构建 ·· 55
3.3 地铁运营干扰事件网络静态结构分析 ·· 57
3.3.1 复杂网络分析软件 ·· 57
3.3.2 地铁运营干扰事件网络基本拓扑特性解析 ································· 58
3.3.3 地铁运营干扰事件网络现实特性解析 ······································· 60
3.4 地铁运营干扰事件网络动态特性分析 ·· 63
3.4.1 网络动态仿真策略 ·· 63
3.4.2 地铁运营干扰事件网络节点中心性指标值 ································· 64
3.4.3 地铁运营干扰事件网络中心性程度的量化 ································· 65
3.4.4 地铁运营干扰事件网络的动态仿真结果分析与讨论 ···················· 67
3.5 本章小结 ··· 72

4 基于 ISM 与 MICMAC 的地铁系统运行脆弱性影响因素作用机制研究 ············ 74
4.1 解释结构模型与交叉影响矩阵相乘分类法 ·· 74
4.1.1 解释结构模型与交叉影响矩阵相乘分类法理论概述 ···················· 74
4.1.2 集成 ISM 和 MICMAC 方法的基本步骤 ··································· 76
4.2 基于 ISM 和 MICMAC 的地铁脆弱性因素分析 ·································· 79
4.2.1 基础数据的获取 ··· 79
4.2.2 地铁系统脆弱性影响因素的 ISM 模型 ····································· 80
4.2.3 地铁系统脆弱性影响因素的 MICMAC 分类图 ··························· 86
4.3 本章小结 ··· 87

5 基于 SEM 的地铁系统运行脆弱性影响因素重要度评估研究 ·························· 88
5.1 理论基础与方法 ·· 88
5.1.1 统计调查方法 ·· 88
5.1.2 结构方程模型 ·· 89
5.2 地铁系统运行脆弱性影响因素的重要度调查研究 ······························· 91
5.2.1 问卷调查综述 ·· 91
5.2.2 数据的预处理和信度效度分析 ·· 92

   　5.2.3 问卷调查结果与描述性统计 ··· 94
　5.3 基于SEM的地铁系统脆弱性影响因素重要度分析 ················· 95
   　5.3.1 模型设定 ·· 95
   　5.3.2 模型估计、检验与评价 ··· 98
   　5.3.3 效应分析 ·· 104
　5.4 本章小结 ·· 104

6 基于SD的地铁系统运行脆弱性仿真研究 ································ 106
　6.1 系统动力学及基本建模流程 ·· 106
   　6.1.1 系统动力学概念 ··· 106
   　6.1.2 系统动力学的建模流程 ··· 109
　6.2 地铁系统运行脆弱性的系统动力学建模 ································ 110
   　6.2.1 系统建模目的 ·· 110
   　6.2.2 系统边界确定 ·· 110
   　6.2.3 系统因果关系图 ··· 111
   　6.2.4 系统流图的构建 ··· 114
　6.3 地铁系统运行脆弱性系统动力学模型仿真分析 ······················ 118
   　6.3.1 地铁系统运行脆弱性SD模型初始化条件 ························· 118
   　6.3.2 地铁系统运行脆弱性SD模型检验 ··································· 119
   　6.3.3 地铁系统运行脆弱性SD模型仿真分析 ···························· 120
   　6.3.4 地铁系统脆弱性调控措施及建议 ····································· 125
　6.4 本章小结 ·· 126

7 总结与展望 ··· 128
　7.1 主要研究工作及其结论 ··· 128
　7.2 创新点 ··· 129
　7.3 研究不足及展望 ··· 130

参考文献 ··· 131

附录 关于地铁系统运行脆弱性的专家调查 ······································ 145

1 绪 论

1.1 研究背景及意义

1.1.1 研究背景

随着中国经济的快速发展和城市化水平不断提高,城市规模和人口都在不断扩大,城市的交通问题也日益凸显。交通拥堵不仅增加了人们出行成本,影响了工作效率,也造成能源浪费和环境污染,给社会带来了巨大的经济损失[1]。据北京大学国家发展研究院研究表明,北京 2010 年因交通拥堵造成的损失就达 580 亿元人民币,占全年 GDP 的 4.22%,而世界银行给出的交通损失的估计值约为 GDP 的 1% 到 3%[2],可以看出北京遭受的损失要远高于世界银行的估计值。

现代城市为什么变得越来越拥堵?专家学者从多个方面给出了可能的原因,公交分担率低、小汽车出行过度、出行结构不合理都可能导致拥堵这一"现代城市病"的形成。城市公共交通的发达程度对城市是否拥堵起着决定性的作用。同样作为国际化大都市的香港,其拥堵的严重程度就小于北京,其中最重要的原因就是其公交出行比例高达 90%,全城 45% 左右的人口居住在离地铁站仅 500 米的范围内,九龙、香港岛更是高达 65%。日本东京也是如此,其地铁系统同样发达,汇集了 15 条轨道的新宿车站周边 2 平方千米范围内有 100 多个地铁出入口,借助地铁系统,乘客可以快速到达商场、住宅乃至幼儿园等目的地,从而实现了每天 360 多万人次的输送。因此,发展和完善城市公共交通系统是解决城市交通拥堵问题的首要途径。

世界范围内,地铁(Metro)以其快速、大运量、污染小、高效率等特点,成为现代城市公共交通系统不可或缺的重要组成部分,为城市居民的出行提供快速、便捷和舒适的运输服务。它不仅运输能力和运输效率出众,而且对资源的消耗和对城市环境的污染都很小,在满足大、中城市日益增长的交通需求的同时,也能够满足城市化的发展要求。面对日益密集的地面建筑、日益增多的城市人口,地铁毫无疑问地成为最受大城市青睐,解决出行问题的最佳交通方式。截至 2018 年年底,全球有 50 个国家和地区的 179 座城市开通了地铁,地铁已经成为这些城市交通发展战略中的骨干。

我国自第一条地铁线路——北京地铁 1 号线开通运营以来,经过近 50 年的发展,地铁规模不断扩大,现已进入快速发展阶段。2000 年前,我国仅有北京、上海和广州拥有地铁,而到 2014 年末,全国 22 个城市开通地铁运营线路 93 条,运营里程达 2 816 千米,其中全年客运量超过 20 亿人次的有 3 市,分别为北京、上海和广州,位居世界前列。其中,据北京市 2015 年暨"十二五"时期国民经济和社会发展统计公报,北京 2015 年地铁客流量已达

32.5亿人次,是世界上客流量最大的地铁系统。此外,随着地铁规模的不断扩大,地铁客运量占公共交通客运量的比重也在一直增大,如图1-1所示。这反映出越来越多的城市居民愿意选择地铁方式出行,地铁在城市发展和人们日常生活中发挥着越来越重要的作用。

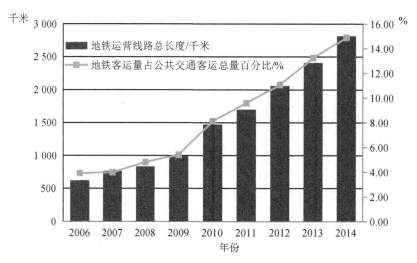

图1-1　地铁运营规模

地铁在城市综合公共交通系统中的骨干地位已经被广泛认同,在居民日常生活中发挥着无可比拟的作用。然而,随着地铁规模的不断扩大,大量地铁投入使用的同时,地铁运行中断的次数和地铁事故的数量也不断增加,其中不乏灾难性的事件,给地铁系统带来巨大的影响。发生于2003年2月18日的韩国大邱火灾事故,最终造成至少198人死亡和147人受伤[3]。而发生于2009年6月22日的华盛顿地铁碰撞事故,共造成9人死亡和大约80人受伤[4]。在中国,有研究人员统计了2002年到2014年13年间发生的236起地铁运行安全事故,这些事故最终造成了至少499人员伤亡和5 700分钟的地铁运行延误[5]。随着路网规模的扩张和客流量的增加,地铁运营安全事故的数量还有进一步上升的趋势[6]。这些地铁事故不仅带来了巨大的经济损失和社会影响,而且使得公众对地铁运行安全产生担忧,甚至是质疑。而对于地铁乘客而言,地铁系统提供安全可靠的服务远比提供快捷方便的服务来得重要。因此,不断提高地铁运行的安全性和可靠性是整个社会的迫切需求。

地铁的运营是一个涉及人员、设备设施和安全管理的复杂系统,技术性极强,容易催生各种干扰事件,并且这些干扰事件通常不会单独出现,而地铁为实现在狭小的空间内输送高密度的客流,需要严格执行提前设定好的时间表。因此,任何微小的扰动都可能会对地铁产生很大的影响[7],相比于地铁公共交通工具,地铁系统的运行具有较强的脆弱性。此外,地铁系统内部各子系统之间及系统与系统外部有很高的关联度,一旦某个子系统出现问题,就会迅速影响和波及其他子系统,引发连锁反应,进而影响整个系统的正常功能,地铁系统的运行脆弱性进一步增强。面对复杂而又众多的干扰源和干扰事件,地铁系统的脆弱性容易被激发,轻则造成列车的晚点,重则导致路网的瘫痪或者重大设备损坏引发地铁事故。而地铁一般处在地下或高架桥上,环境封闭,空间狭小,人员和设备高度密集,地铁事故发生后,人员疏散逃生会受到极大限制,救援行动也会比较困难,处置不当将产生巨大的人身和财产损失,对社会经济和生活造成重大的影响。因此,在国家大力发展地铁的背景下,在地铁出行日益受到青睐的情况下,如何降低地铁系统运行脆弱性、保障地铁系统的运营安全成为亟待深入研究解决的问题。

1.1.2 研究意义

地铁系统需要通过高负荷、高频率的运行来应对不断攀升的客流量,这种高密度的运转加上地铁系统自身的特性,必然使其运营具有较强的脆弱性。这种脆弱性的出现不是偶然的,而是必然的,主要原因有两个:一是作用于地铁系统的干扰源是互相关联、复杂多变的;二是地铁系统自身存在漏洞和薄弱环节,使得地铁系统运行具有脆弱性。鉴于此,对地铁系统运行脆弱性展开研究是完全必要的。意识到地铁系统这种固有脆弱性就决定了以此开展的安全研究将会区别于传统的安全管理。传统的安全管理大多是事后型和被动式的管理模式,即对事故发生的原因进行解析,再回溯探讨防止事故发生的措施。从脆弱性的角度研究地铁的运行安全则采用的是事前预防和主动式的分析模式,通过挖掘地铁干扰事件之间的联系并明确它们之间的关系,识别地铁运行脆弱性的影响因素并以此为基础对地铁系统运行安全水平进行仿真分析,从而明确防范的重点,制定有针对性的控制措施,在事故尚未发生之前采取加固措施,将隐患消灭在萌芽阶段。故本书的研究意义如下:

(1) 理论上,将脆弱性的概念引入地铁系统的运营之中,深度挖掘地铁系统运行脆弱性的形成机理和规律,在丰富脆弱性研究的内涵和外延的同时,揭示地铁运营安全事故的致因机理,为地铁的安全管理提供了一个崭新的视角,加速地铁运营领域热点问题的研究,并能够直接指导地铁设计和优化管理工作,制定科学有效的管理策略。

(2) 应用上,将理论方法与仿真平台相结合,在明确地铁运行脆弱性影响因素对系统的作用机制和对系统的重要度的基础之上,对地铁系统的运行脆弱性进行仿真与分析,明确地铁系统运行脆弱性的动态变化过程,有利于地铁运营管理公司制定干预策略,控制地铁系统的运行脆弱性,进而减少地铁运营事故,保证地铁系统运行的安全和流畅。

1.2 国内外研究现状

1.2.1 事故模型研究现状

事故模型是所有危险分析和风险评估技术的基础[8],事故模型在有关安全的研究中扮演着至关重要的角色。提升系统安全最有效的途径就是理解事故的形成机制,制定事故预防和控制策略,因此了解过去的事故情况并从中吸取经验是相关安全风险研究中的重要内容[9]。

早期的事故模型为顺序事故模型,将事故解释为一系列离散事件按照一定顺序发生的结果。海因里希的多米诺模型(Domino Model)是最早的一种顺序事故模型[10],认为事故是五种因素和事件按照多米诺方式发生的结果,分别为社会环境和遗传、人因错误或者疏忽、不安全的行为或者条件、意外事故以及伤害。从严格意义上来说,多米诺模型并不是一个事故因果模型,它表示的是伤害发生的概念。该模型将人而不是技术设备看作事故的主要诱因[11]。事件的序列显示,一起事故的原因不止一个,而可能会有多个。不过移除任何一个因素都会停止这个序列,从而避免伤害的出现。因此通过控制、改善或者消除不安全行为或者物理危险,可以避免事故发生。由于缺少对管理因素的考量,Bird 和 Germain 对原始多米诺模型进行了修正,提出了损失因果模型[12],由于该模型是代表美国国家损失控制学会(International Loss Control Institute,ILCI)开发完成,因此也称为 ILCI 模型。该模型中事故被认为是下面事件序列:缺乏管理控制、基本原因(人为因素或者工作因素)、直接原因(不符合标准的行为和条件)、意外(与能量、危险品和人员接触)、损失(人、财产、环境和物料)[13]。ILCI 模型的最后三个因素与多米诺模型的最后三个因素类似,模型的前两个因素代表根本原因,关注管理方面的因素,比如缺乏必要的程序、缺少标准等。除了这两个模型,由 Hendrick 和 Benner 开发的时间序列事件描点法(Sequentially Timed Events Plotting,STEP)也是一种顺序事故模型[14],作为一种事故调查工具,它通过在 STEP 图中描绘相关事件的序列和行为对事故进行重构。事故可以看作是一个起始于系统中的意外变化,终止于最终事件的过程,该过程中会有一些资产受到伤害。图 1-2 给出了典型的 STEP 图的结构。STEP 可以用来识别安全方面的问题,还可以提出安全方面的改进建议[15]。

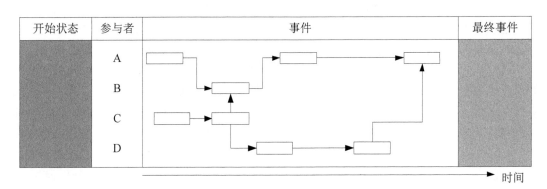

图 1-2　STEP 图示例

流行病学事故模型将事件到事故发生这一过程类比于疾病传播,将事故视为一系列因素组成的结果。这些因素可能是显性的,也可能是隐性的,它们在时间和空间上可以共存[16]。能量释放模型(Energy Release Model)就是典型的流行病学事故模型,能量释放模型认为事故是由于丧失对危险源的控制能力所导致的[17-18],通过关注和警惕这些危险源就能够一定程度阻止事故的发生[19]。Reason 提出的瑞士奶酪模型(Swiss Cheese Model)是更为人们所熟知、应用也更广的流行病学事故模型。它显示了事故从隐性失效发展成显性故障的过程[20],就是穿过一系列安全栅,最终导致伤害发生,如图 1-3 所示。在奶酪模型中,事故调查已经从单纯的寻找过失、进行追责转向探究更为根本和深层的原因[21],除了工人和操作员,研究视角也放到了基层管理者和决策者,这些高层管理人员在寻找安全目标和时间成本目标之间的平衡时,也会产生错误的决策,而这些错误的决策显然是事故发生的一个重大诱因,是不可忽略的重要因素。

随着科学的不断进步,人与自动化之间的关系越来越复杂,而信息和通信技术的高速发展促进了系统的高度集成与耦合,在增加系统灵活性的同时,也使其运行呈现出强耦合、强交互和依赖紧密等非线性特征,增加了现代社会技术系统所面临的风险。事故顺序模型和流行病学模型对于研究现代社会技术系统的事故存在明显的不足,无法反映出事故出现的根本原因,系统事故模型应运而生。系统事故模型指出,事故是因为多种因素,包括人、技

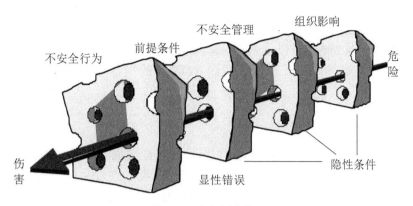

图 1-3　瑞士奶酪模型

术、环境,在特定的时间和空间共存导致的[22]。系统事故模型都是基于控制理论、以系统为导向的方法,根据这些模型提出的框架,可以对构成事故前提条件的组织、管理和运行结构进行建模。事故地图(AcciMap)是一种描述政府、标准化的组织和协会、企业、管理、员工和工作六个层次上各种事故原因彼此之间相互关系的事故分析图[23]。利用 AcciMap 能够找出增大事故概率的组织和系统运行缺陷,确保关注的重心不仅仅局限在直接引起事故的事件、技术失效和人因错误上[24]。作为一种非线性事故模型,以功能共振理论为基础的功能共振事故模型(Functional Resonance Analysis Method,FRAM)认为事故起源于系统性能变化所引起的共振效应[22]。通过识别系统导致不利后果的人员、技术和组织因素的性能波动,并确定这些因素之间的连接关系,能够找出导致事故发生的功能共振、影响功能共振的因素和失效功能连接,进一步确定性能波动管理措施。还有一种系统事故模型称为系统理论事故模型和流程(System-Theoretic Accident Model and Process,STAMP),由麻省理工学院的 Leveson 教授提出[25]。在 STAMP 模型中,最基本的概念不是事件而是约束,事故的主要原因被认为是控制不足或者不合理,抑或是由系统开发、设计和运行过程中与安全相关的约束造成的[26]。控制可能是由组织中的管理功能驱动的,也可能是由组织所属的社会和政治系统决定的。STAMP 事故分析主要包括两个步骤,首先开发层次控制结构,识别系统元件之间的关联关系,识别安全需求和限制,然后对错误控制或者约束失效分类并进行分析[27]。

毫无疑问,系统事故模型是分析现代社会技术系统事故,特别是有着复杂致因的系统事故的最佳方法。De Carvalho 在巴西航班 N600XL 与 GLO 1907 的碰撞事故中,利用 FRAM 分析了巴西航空 ATM 系统的运行弹性[28]。Ouyang 等人则利用 STAMP 对中国胶济铁路的重大撞车事故进行了研究,详细描述事故的蔓延过程,为制定有效的应急措施提供支持[29]。Underwood 和 Waterson 利用 AcciMap 和 STAMP 对发生于英国英格兰坎布里亚郡格雷里格村的列车脱轨事故进行了对比分析[26]。从这些分析中可以看出,对于这类复杂系统,系统的运行安全取决于系统组成之间的相互交互作用以及这些交互作用所表现出来的整体行为[30]。

从最初的简单事故模型只将事故归结为单纯的技术失效,到后来考虑人为因素和人因错误[31],再到现在除考虑技术和个人的影响之外还关注社会、组织和环境等多方面因素,事故模型实现了从简单线性模型向复杂非线性模型的进化[32]。事故模型的目的,不仅仅在于摊派事故责任,更重要的是识别出可能的改进机会。因此,事故模型的作用并不是用来反映既有的情况,而是要找到那些可以改进的因素,从而避免未来的事故。出于这个原因,事故模型并不是一种纯粹的事故调查工具,而是在不断变化的社会环境中进行预防性风险管理的方法。

1.2.2 地铁运营安全研究现状

当代社会地铁系统为城市正常运转提供必不可少的运输服务,地铁系统一旦出现问题,势必会影响到人们的日常出行,给整个城市带来混乱。因此,在过去的10年里,诸多学者对地铁运营安全展开了相关研究,以期提升地铁系统的运行性能。

1.2.2.1 地铁运营安全技术

Lu 等构建了一个集成技术系统风险模型和安全预测模型社会和结构部分的安全风险框架,用于跟踪组织因素引起地铁事故的传导路径[33]。Yan 等人利用数据包络分析法(Data Envelopment Analysis,DEA)分析了地铁冲撞和踩踏事故的风险[34]。类似的,Marzouk 和 Aty 运用 BIM 技术,明确了地铁基础设施系统修复工程的优先顺序和资源分配[35]。Kyriakidis 等人通过调研轨道运输标杆联盟(NOVA)和国际地铁联盟(Community of Metros,CoMET)中的18位成员,获取了28个事故前兆,并将其分为人员表现、技术故障、乘客、火灾、蓄意行为和管理行为六大类[36],在此基础之上,还提出了安全成熟度模型(Safety Maturity Model,SMM)用于评估地铁系统的安全成熟度,以此来提高地铁系统的运行安全性。此外,Kyriakidis 等人还对地铁工作人员进行了研究,形成了人员表现地铁运行指标(Human Performance Railway Operational Index,HuPeROI),用于评估地铁运营过程中人为错误的概率并制定相应的策略来缓解工作积极性不高的现象[37]。Beroggi 基于视频交互模型研究地铁系统运行集成安全计划[38]。Lu 等人利用范例推理技术(Case-Based Reasoning,CBR),融入案例表示和案例检索,实现自动识别地铁运营案例中的安全风险和安全措施[39]。Song 和 Li 探索了地铁站台密度与地铁安全水平之间的关系[40]。Chung 等人采用无损检验方法,如超声波检验,研究了地铁运行安全性[41]。Wang 等人在分析了乘客晚点和乘客的上下车过程后,开发了控制客流的总体规划模型,从而确保旅客的乘车安全[42]。

除此之外,赵惠祥等人根据地铁运营特点,基于层次 Petri 网和面向对象 Petri 网,提出了一种面向对象的层次有色随机 Petri 网模型(Hierarchical Object-oriented Petri Net,HOPN),用于构建地铁系统运行可靠性动态分析模型[43]。徐瑞华等人针对处置作业流程,设计应急过程管理的工作流模型,构建支持过程协作的地铁应急管理系统(Emergency Management System,EMS),实现应急处置的自动化流程,提高地铁事故的应急处置效率[44]。夏利华和魏鹏从可靠性、可用性、可维护性和安全性(Reliability,Availability,Maintainability,and Safety,RAMS)的角度,利用风险矩阵工具研究了地铁防灾管理[45]。涂继亮和董德存基于系统工程全方位思维模型,将知识工程、信号智能处理等理论与传统的数学、信号处理方法相结合,构建了地铁安全智能融合监控体系[46]。万欣等基于案例对地铁乘客异常行为(Passengers' Aberrant Behavior,PAB)进行分类,提炼出 PAB 导致地铁运营事故的形成机理,运用模糊 Petri 网(Fuzzy Petri Net,FPN)识别出 PAB 影响地铁运营造成地铁事故的关键路径[47]。陆莹等从组织、人因错误的角度出发,利用贝叶斯网络(Bayesian Network, BN)构建了事故的致因关系,对地铁运营安全风险实现了定量化描述[48]。

1.2.2.2 地铁运营安全风险评估

系统永远不可能在零风险的状态下运行,即使从未发生过严重的事故,也不能代表不存在潜在的事故隐患。因此,理解地铁运营面临的风险,进行有关的风险评估是地铁安全研究的关键内容。一般性的风险评估研究起源于美国航天航空项目并在核电行业取得广泛应用的概率风险评估(Probabilistic Risk Assessment, PRA),亦被称为概率安全评估(Probabilistic Safety Assessment, PSA),是最基本的分析方法。通过识别出所有可能会导致重大破坏的事件序列,并估计它们的概率,用数值描述它们的后果和严重程度,实现对系统的定量风险分析。Pan 等人应用故障树分析(Fault Tree Analysis, FTA)阐明了信号系统失效对碰撞事故的影响[49]。Lu 等人在明确了地铁运营风险因素之间的关系之后,运用贝叶斯网络精确计算了每项风险因素出现的概率,从而实现对地铁系统的安全评价[50]。Wang 和 Fang 提出了一种结构化的错误行为分析方法,并将其用于地铁调度员错误行为的分类与分析[51]。Wang 等人通过测定轨道裂缝中出现人为错误的概率来反映人因失误对轨道裂缝事故的影响程度,研究表明,维护人员的能力是决定该风险事件是否出现的最重要因素[52]。赵国敏等专门针对地铁车站恐怖袭击事件,采用目标损失概率模型,将恐怖袭击视为袭击者与防御者之间的零和博弈,定量分析了恐怖袭击的风险[53]。何杰等应用 FTA-Petri 综合分析法,对地铁系统安全性进行了分析,并构建了地铁火灾事故的安全性模型,量化了地铁火灾安全性[54]。李熙等人综合运用改进熵权法和概率影响图法,从人员组织及管理、环境、基础设施、运营维护等方面对车辆走行系统进行安全性分析,结果显示,各类人员专业技能不足是最重要的外部影响因素[55]。米红甫等从火灾发生概率和火灾危害性两个方面建立地铁车站火灾风险概率模糊评估模型,实现对地铁车站火灾风险的定量描述[56]。

1.2.2.3 地铁人员疏散研究

由于地铁是一个半开放式的密闭空间,一旦发生事故,将会给整个系统带来极大的影响。因此,安全疏散模拟是地铁安全研究中的一个重要组成部分,合理而又高效的疏散能够在危险发生后让地铁系统承受最小的损失,避免伤亡。Zhong 等人根据地铁的设计编码,研发了一个乘客疏散动态模型,模拟了乘客从深埋地下的车站往外疏散的过程[57]。Roh 测试了地铁列车在着火的情况下,通风和屏蔽门(Platform Screen Door, PSD)对乘客疏散的影响,检票口的存在大大增加了乘客完成安全疏散所需的时间,降低了乘客疏散效率[58]。Jiang 等人基于 Building-Exodus 软件模拟车站的疏散过程,分析了疏散事件与站台、扶梯等设施的最大客流承载力之间的关系[59]。此外,Jiang 等人还着重关注了楼梯上的最大上行速度和楼梯的平均最小宽度对乘客疏散效率的影响,并讨论这种差异出现的原因[60]。Tsukahara 等人计算了大型地铁火灾下不同的疏散路径,得出了向下的疏散方案在这种情况下更加有效[61]。Shi 等人分析了地铁安全疏散策略,并且利用智能体模型(Agent-Based Model, ABM)模拟了不同火灾场景下的疏散过程[3]。Li 等人基于 FDS+Evac 技术建模,分析了地铁发生火灾时烟雾的扩散速度对乘客逃生数量的影响[62]。Qu 和 Chow 对不同火势下的可用疏散时间进行了模拟实验,通过可用疏散时间和需求疏散时间之间的差距,评估地铁的安全风险水平[63]。

在国内,史聪灵等人选取地铁高架车站,采用火灾场模拟和人员疏散动力学模拟的方法,研究了车站站厅火灾时烟气蔓延过程和人员疏散的过程,考察了现有的通道设计能否满足人员的安全疏散要求[64]。廖艳芬和马晓茜结合地铁人员疏散特征,开发一种扩展元胞自动机模型,分析了乘客高峰期和非乘客高峰期,以及地铁环境正常运行状态和火灾紧急运行状态下的疏散动态特征[65]。马金宁等人针对列车火灾的人员疏散问题进行了模拟分析,考虑了不同列车人员密度情况下的人员疏散效率[66]。徐滢等人在对比不同人员疏散行为仿真的理论和方法之后,采用Building-Exodus和Smartfire软件对地铁车站高峰时段发生火灾情况下的人员疏散情况进行模拟计算,分析疏散过程中的瓶颈和阻塞原因,并提出相应的技术措施[67]。何健飞和刘晓构建基于地铁拥挤度的疏散网络,结合此拥挤度改进排队算法,设计出地铁应急疏散路径优化方法,为每一疏散个体求解最优疏散路径,提高了地铁应急疏散效率[68]。这些疏散方面的研究,能够给地铁应急管理提供理论支持,提升地铁运营安全性。

毋庸置疑,作为地铁运行管理的重要组成部分,上述地铁运营安全的相关研究都一定程度上促进了地铁运营安全水平的提升,为营造地铁安全运行环境做出了贡献。不过,这些文献大多将视角放在如何使得地铁运行变得更加安全,而对于地铁运行为什么不安全,为什么容易发生故障和事故,为什么地铁会比较脆弱却尚未开展相应的研究。将地铁系统运行脆弱性这一系统本质属性作为提高地铁运营安全的有效工具的研究,未能得到足够的重视。

1.2.3 不同领域脆弱性研究现状

1.2.3.1 生态环境脆弱性研究

生态系统脆弱性反映系统容易受到气候变化造成的不良后果影响或者无法应对其不良影响的程度[69],其主要研究涉及社会系统、自然系统以及社会-生态耦合系统三大类,关注环境变化对生态系统稳定性的影响[70]。Brooks等人采用Delphi法,选定健康医疗、行政管理、教育状况3个领域11项关键指标,从宏观上进行国家间生态脆弱性的量化及比较[69]。Schröter等使用脆弱范围图(Vulnerability Scoping Diagram, VSD)评价整合模型来组织数据、统一概念和建构脆弱性评价指标体系[71]。吴绍洪等以不同类型生态系统的全球长期平均值确定生态基准,通过植被-土壤-大气碳变换(Carbon Exchange between Vegetation, Soils and Atmosphere, CEVSA)模型和人工神经网络对中国生态系统进行模拟,得出中国生态系统基本上处于基准、轻度和中度脆弱状态[72]。贺新春等对比DRASTIC指标法、模糊综合评价法和人工神经网络法3种方法下的地下水环境脆弱性评价值,认为模糊综合评价法和人工神经网络具有更好的应用效果[73]。乔青等基于敏感性-弹性-压力指标体系对川西滇北农林牧交错带的生态脆弱性进行了研究[74]。汪邦稳等利用压力-状态-响应模型,从水土流失入手,研究了江西省生态安全状况[75]。

1.2.3.2 基础设施系统脆弱性研究现状

重要基础设施脆弱性研究不仅受到越来越多研究者和决策者的关注,这一词也更加频繁地出现在科研和政府管理文件中[76]。重要基础设施(Critical Infrastructure, CI)包括电力系统、运输系统、通信系统以及为社会生产和人民生活提供公共服务的物质工程设施,这些基础设施是社会、经济和其他物质活动日常运转的基础[77]。

1) 电力系统脆弱性研究现状

Fouad 等首次将脆弱性的概念引入电力系统,基于暂态能量函数和神经网络建立了电力系统的脆弱性分析方法[78]。Albert 等学者从网络结构和线路的功率传输能力两方面研究了母线故障状态下北美地区电网的脆弱性[79]。Holmgren 运用图论的方法分析了电力网络的结构脆弱性,并对降低系统脆弱性的不同策略进行了评价[80]。张国华等提出了包括电网的安全供电能力、结构电压安全性、拓扑结构脆弱性、风险指标等安全评价指标体系来评估电网的脆弱性[81]。丁明等通过无权和加权电网对比分析了电力系统的脆弱性,分析得出合理地优化电力系统结构更有助于增加电力系统的可靠性水平[82]。孟绍良等人基于广义特勒根定理的改进灵敏度分析法,研究了母线电压脆弱性和支路功率脆弱性,找出了对电网影响较大的负荷波动,为脆弱性的控制和调节提供了依据[83]。钟嘉庆等人在基于属性综合评价方法的基础上,考虑电网抗干扰能力和受影响程度,同时兼顾故障发生概率和电力系统处理故障的能力,建立了电力系统脆弱性的综合评估模型[84]。

2) 运输系统脆弱性研究现状

交通运输系统主要包括高速交通道路、城市公共交通、铁路交通网络、航空网络和轨道交通等。对于运输系统的脆弱性研究,主要集中于前面几种交通运输形式,相关的脆弱性分析是基于运输系统自身抗干扰能力、运行状态以及突发事件扰动发生后运输系统应急恢复能力的一种综合分析。通过脆弱性分析,发现运输系统中的薄弱环节,也就是找到在受到同等攻击的条件下最终让运输系统损失最大的关键部位,从而减少社会和经济损失。

Bell 利用博弈论方法考虑路段失效的概率,分析了道路网络的脆弱性[85]。Berdica 系统性梳理了道路运输系统脆弱性的相关研究,首次提出了其定义,认为道路运输系统的脆弱性是易于受到扰动影响而导致道路运输系统的服务水平极大下降的一种敏感系数,这些干扰事件或是人为的或是自然的,是可以或者不可以预测的[86]。Husdal 将道路交通系统脆弱性定义为在某些特定环境下道路运输系统的不可运转性,将脆弱性视为风险的一部分,威胁发生的脆弱性与威胁发生的概率之间的乘积即为风险[87]。Jenelius 等人从始末节点(Orient-Destination,OD)出行费用的角度研究了瑞典道路网络的脆弱性[88]。Sohn 用可达性退化与洪水灾害发生概率的乘积表征路网的可达性,以此评估了马里兰高速公路在洪水灾害下的连通性[89]。Issacharoff 等人从拓扑角度识别了欧洲三大高速公路网络中的关键部位,运用均衡模型进行了交通流仿真,通过对比系统效率的变化进行脆弱性评估[90]。Wilkinson 等人分析了航空交通网络的空间相关性,说明航空网络的地理分布和航空网络体系结构是如何共同影响航空系统承受灾害能力的[91]。Fox 回顾了航空脆弱性的相关研究,并从政策、法规和组织角度考察了航空行业在预防和保护方面的准备情况[92]。

涂颖菲等将通信领域的最小割频度向量的指标引入路网的脆弱性评价中,形成新的路网拓扑脆弱性的测度指标,界定了路网中关键路段,评价路段抗灾害能力变化时路网拓扑脆弱性的变化[93]。杨露萍和钱大琳在提出道路交通网脆弱性的概念、影响因素和分析模型的基础上,综合考虑道路交通系统的结构、应急救援点设置和交通流运行状态等各种因素,以道路交通系统用户最终损失旅行时间为测度,进行了道路交通系统的脆弱性评估分析[94]。李冰玉和秦孝敏对铁路线网的脆弱性进行了仿真研究,基于网络效率和连通度两个指标识别了线网中的脆弱线路和站点[95]。李航等提出了一个针对网络系统的空间脆弱性理论模型,引入绝对空间脆弱性指数(Absolute Spatial Vulnerability Index,ASVI)和相对空间脆弱性指数（Relative Spatial Vulnerability Index，RSVI）来反映中国民用航空网络系统在面临空间局域性灾害时的脆弱性水平[96]。

重要基础设施脆弱性的相关研究从另一个视角剖析了系统风险形成的原因，阐述了系统为什么会表现得不安全，并以此制定相应的策略，很明显这些研究有益于进一步提升系统运行安全性，取得了很好的效果。不过，同时可以看出这些研究中鲜有关于地铁系统或者城市轨道交通系统脆弱性的分析，这方面的文献还比较匮乏。

1.2.4 系统仿真方法研究现状

现代社会技术系统日益复杂，不仅子系统数量越来越多，子系统之间关系也更加复杂而又多变，给清晰地认知系统的本质特性带来了不小的难度。伴随着计算机技术发展而逐步形成的仿真技术为实现这一目标提供一种有效的方式，现已经成为科学研究中除理论研究和科学实验以外的第三种认识和改造客观世界的重要方法[97]，是研究系统复杂特性的一种切实有效且可行的方法和工具[98]。

仿真技术是以建模与仿真理论为基础，以计算机、物理效应设备及仿真器为工具，根据研究目标，建立并运行系统模型，对系统进行认识与改造的一门多学科综合性、交叉性技术[99]。仿真的基本思想是利用模型来类比模仿现实过程，"系统""模型"和"仿真"是重要的三个组成部分，系统是研究对象，模型是系统的抽象，是仿真的桥梁，而试验是仿真的手段[100]。在对基础设施系统进行仿真研究时，复杂网络理论（Complex Network Theory，CNT）是探究系统内各子系统之间关联性的常用方法。通过将复杂系统从拓扑结构的角度抽象为网络，CNT能够以更为定量和物理化的方法获知系统的整体和内在特性[32]。Kossinets 和 Watts 就利用复杂网络理论探究了大学校内人员之间的关系，得出这个网络的进化过程取决于其自身结构[101]。Zhou 等人对地铁系统的施工安全展开研究，构建了地铁施工事故网络（Subway Construction Accident Network，SCAN），利用复杂网络理论对 SCAN 的拓扑结构特性进行了研究[102]。Lara-Cabrera 等人从宏观、中观和微观三个层面，以复杂网络理论为基础，分析了计算智能的科学合作网络[103]。Deng 等人以地铁物理系统为研究对象，将整个地铁系统划分为 31 个子系统，利用复杂网络理论识别出最重要和最脆弱的物理子模块[104]。

系统动力学（System Dynamics，SD）模型是另一种进行仿真研究的常用方法，它利用系统结构、支撑系统运行各环节的因果关系和反馈回路建立系统综合模型，通过仿真的方法观察系统在外力作用下的变化，求解系统的整体动力学特征，研究系统变化的趋势[105]。Brown 等人运用 SD 模型对关联基础设施系统进行了建模分析，研究了基础设施系统在受到各种外来扰动后的脆弱性[106]。Bueno 通过明确社会生态系统的运转机理，利用 SD 模型计算了社会生态系统的恢复力[107]。

此外，利用基于智能体模型（Agent-Based Model，ABM）对系统进行仿真分析的研究也比较多。智能体是具有行为自主性的高级对象，智能体的自主性表现在它对环境的适应性和对不完全信息的处理能力，使它能实时规划、推理和搜索，形成更实用的人工智能，从而适应复杂系统建模与仿真的技术需求[108]。Bompard 等人从物理关联性、网络关联性和安全决策方面构建了 ABM 以模拟和评估信息基础设施和电力系统之间的联系[109]。Nan 和 Sansavini 基于 ABM 计算了基础设施之间的关联效果并量化了它们之间的紧密耦合程度[110]。

无论是 CNT、SD 还是 ABM，对于系统的仿真研究都是相对理想而且效果较好的方法，其中,利用 CNT 和 SD 对系统进行仿真分析的研究比较多,这两种方法的使用范围更加宽泛,CNT 尤其是近年来复杂系统研究中的热点研究方法。

1.2.5 现有研究的评述

地铁现在已经成为人们日常出行最基本和最为依赖的公共交通方式,是人们日常生活必不可少的组成部分。地铁的迅速发展,对改善群众出行条件、解决城市交通拥堵、节约土地资源、促进节能减排、推进产业升级换代、引导城市布局调整、推动城市经济发展发挥着重要作用。随着地铁的日益普及,地铁客流量不断增大,地铁的安全管理工作将会面临更高的要求和更艰难的挑战。在此背景下,需要把地铁运营安全放在首要位置,并且寻求进一步提升地铁系统运行安全性和可靠性的有效途径。通过对现有文献的梳理,发现现有研究具有以下不足:

(1) 地铁运营安全研究多集中于如何评估地铁系统整体的运行安全性,这种笼统性的分析对地铁运营安全固然有指导作用,但对于提升现有地铁系统的运行安全性却收效甚微。缺少通过深入挖掘地铁事故明确造成地铁运营变得比较脆弱的原因的相关研究。

(2) 针对地铁系统运行脆弱性的研究很少,而从脆弱性视角研究系统运行安全被证明是可行并且行之有效的,在很多其他领域已有大量的实证案例。而在已有的有关地铁系统运行脆弱性的文献中,有关地铁系统运行脆弱性的内涵并没有界定清楚,地铁运行脆弱性的形成机理也尚未明确,缺少对地铁系统运行脆弱性自身特点和规律的探索。

(3) 现有脆弱性研究缺少对干扰源或危害事件本身,以及它们与系统之间作用关系的考量。虽然现有研究已认识到脆弱性是系统固有的属性,这一特性会导致系统的易损性,但干扰事件作为脆弱性被激发的必要条件之一,却没有得到足够的关注。探究地铁干扰源使地铁运行具有脆弱性的原因,是脆弱性研究的重要议题。

(4) 脆弱性研究大多集中于网络方面,主要分析和寻找网络拓扑结构的薄弱环节,较少有从系统整体角度把握脆弱因素对地铁系统的影响,且这些研究多数集中在脆弱性影响因素的识别与评价,忽略了因素间的动态耦合作用以及非线性耦合作用给地铁系统运行带来的变化。

1.3 研究目标、内容与方法

1.3.1 选题来源

本书的选题来源于国家自然科学基金青年项目"城市地铁系统韧性塑造、仿真与提升策略研究"(71801082)、"地铁运行安全风险智能诊断与动态控制研究"(71801214)、"城市高密度区关键基础设施项目社会风险动态演化规律与网格化治理模式研究"(71802071),国家自然科学基金面上项目"城市轨道交通系统运营安全韧性的智慧识别、度量及提升方法研究"(51978164)、"本体驱动下的建设工程安全事故网络模型构建、解析与应用研究"(71871116),教育部人文社会科学研究青年项目"城市地铁系统韧性塑造机制与提升策略研究"(18YJCZH148)、"城市高密度区关键基础设施项目社会风险演化机制与网络化治理对策研究"(18YJCZH166)、"城市地铁运行脆弱性动态评估与控制研究"(17YJCZH035)。

1.3.2 研究目标

地铁系统作为城市生命线工程,在城市公共交通系统中具有举足轻重的地位。提供安全可靠的运输服务,避免地铁事故的发生是这一交通方式需要实现的首要任务,也是相关利益主体乃至整个社会的共同诉求。以地铁系统为研究对象,从脆弱性的角度出发,探索地铁系统运行脆弱性的含义及其形成机理,围绕地铁运营的干扰源和地铁系统自身的脆弱性展开仿真研究,分析了地铁运营干扰源的特性,模拟出地铁系统运行脆弱性的动态变化情况,为保证地铁安全、可靠、高效和高品质地运行提供理论知识和实践思路。

本书的主要研究目标是能够解决以下几个关键问题:

(1) 如何理解地铁系统运行脆弱性的含义及其形成机理? 脆弱性作为地铁系统的特性,需要进一步明确它的具体含义,界定地铁系统运行脆弱性的概念,阐述脆弱性产生的原理,为本书的脆弱性仿真与应用研究提供基本的理论体系支撑。

(2) 如何解析地铁系统干扰源的复杂特性及其对地铁运营的影响? 地铁系统在运行过程中受到诸多因素的影响,干扰源众多,需要对这些干扰源进行系统性的研究。从地铁事故中梳理出不同类型的地铁运营干扰事件,以此构建地铁运营干扰事件网络,利用复杂网络相关理论对地铁运营干扰事件网络进行静态和动态特性分析。

(3) 如何动态反映地铁运行的脆弱因素对地铁运营造成的影响? 地铁系统运行的脆弱性影响因素是造成系统承载力不足、地铁运行具有较强脆弱性的根本原因。识别地铁系统脆弱性因素,明确脆弱性因素对系统的作用机制,量化脆弱性因素对系统的直接影响,以此为基础构建地铁运营安全的系统动力学模型,实现对地铁系统运行脆弱性的仿真分析。

1.3.3 研究内容

本书通过对地铁系统运行脆弱性的剖析,从地铁系统干扰源及干扰事件和地铁系统自身脆弱性影响因素两个方面出发,对地铁系统的运行脆弱性展开了仿真与应用研究,为地铁运营安全提供理论指导和实践思路。具体研究内容如下:

1) 地铁系统运行脆弱性含义及其形成机理分析

地铁系统作为典型的复杂大型开放系统,有着独特的系统结构和特性,众多子系统协同工作才能实现运输功能,在运营过程中展现出区别于其他公共交通方式的特性,为清晰界定本书的研究对象——地铁系统运行脆弱性(Metro Operation Vulnerability, MOV),介绍了地铁系统及其运行特点。基于脆弱性的一般概念,分析了各个领域中脆弱性的定义,并辨析了脆弱性与可靠性、稳定性、鲁棒性和恢复力之间的区别和联系。在此基础之上,给出MOV的含义并通过数学语言进行了解析,形成MOV的基本内涵和外延,明确了MOV的形成机理,接着通过熵增原理对形成机理做进一步解释,从而确定了MOV的具体研究层次和主要需要解决的问题。

2) 基于CNT的地铁系统运行干扰源特性研究

地铁系统干扰源是激发MOV引起地铁事故的一个重要原因,需对地铁系统干扰源进行系统化的全面分析,解析其拓扑特性。首先以风险清单和地铁运营事故案例为基础,归纳出地铁运行干扰源的类型并利用事件链构建了干扰源间的联系,形成地铁系统运行干扰事件网络(Metro Operation Disruptive Events Network, MODEN)。对于该干扰事件网络,借助复杂网络基本理论(Complex Network Theory，CNT)，选取网络密度、度及度分布、平均路径长度和聚类系数四个基本统计特征指标，对 MODEN 的静态结构进行了分析，考察 MODEN 是否拥有现实网络广泛具备的小世界特性和无标度特性。引入节点中心性指标确定节点的重要程度，通过观察以不同顺序、不同规模移除重要节点后 MODEN 网络效率的变化，明确 MODEN 的动态特性，进而制定出降低地铁干扰源影响、提升地铁系统运行安全水平的最佳策略。

3) 基于 ISM 和 MICMAC 的地铁系统运行脆弱性影响因素作用机制研究

地铁系统运行脆弱性影响因素作为激发 MOV 引起地铁事故的一个重要致因，明确脆弱因素对地铁系统的作用机制，对脆弱因素进行定性分析是后续脆弱因素定量研究及仿真研究的基础。首先对基于等级全息建模(Hierarchical Holographic Modeling，HHM)技术识别出的地铁系统运行脆弱性影响因素，邀请专家进行精炼并判断精炼后的脆弱因素之间的关系。然后，以专家判断结果为基础，运用集成解释结构模型(Interpretative Structural Modeling，ISM)和交叉矩阵相乘分类法(Cross Impact Matrix Multiplication Applied to Classification，MICMAC)的分析方法，构建脆弱因素之间的层级关联结构。最后生成脆弱因素的解释结构模型和驱动力-依赖度分类图，实现对脆弱因素进行分层和分类，揭示脆弱因素对地铁系统的作用机理，为后续研究奠定定性的研究基础。

4) 基于 SEM 的地铁系统运行脆弱性影响因素重要度评估

对于识别的地铁系统脆弱性影响因素，通过问卷调查的方式获取各脆弱因素的重要程度。首先，对问卷进行了信度和效度检验，确保问卷的可信性和真实性。然后，利用结构方程模型(Structural Equation Model，SEM)，以地铁系统脆弱性影响因素的解释结构模型提出人员、设备设施、管理和应急 4 个维度脆弱因素间 6 条假设关系，构建脆弱因素的一阶因子模型；以地铁系统脆弱性影响因素的识别框架构建 MOV 与六个维度脆弱因素的二阶因子模型。最后，对两个 SEM 模型进行检验和修正，利用 SEM 模型参数估计结果中的路径系数和影响系数，明确六个维度脆弱因素对地铁系统的作用大小，并实现对人员、设备设施、管理和应急四个维度脆弱因素间的影响程度的量化，为后续研究奠定定量的研究基础。

5) 地铁系统运行脆弱性系统动力学仿真

地铁系统运行脆弱性影响因素间的非线性作用造成地铁系统承载力不足，其运行具有较强的脆弱性。首先，通过系统动力学(System Dynamics，SD)建模技术明确建模目的和系统边界，确定模型中涉及的变量。然后，基于地铁系统运行脆弱性影响因素的解释结构模型，明晰它们之间动态耦合关系，生成地铁系统运行脆弱性因果关系图，并建立相应的流图模型，在此基础之上，根据影响因素的结构方程模型，确定流图模型中各变量的取值及变量间的函数关系。最后，基于 Vensim PLE 仿真平台，对南京地铁系统的运行脆弱性展开实例仿真分析，验证地铁系统运行脆弱性 SD 模型的合理性和有效性，明确系统脆弱性的变化情况，对比不同干预策略对抑制地铁系统运行脆弱性上升的效果，进而识别出各阶段的最佳策略，为地铁运营管理工作提供决策支持。

1.3.4 研究方法

本书通过定性分析与定量分析相结合的方法对地铁系统的运行脆弱性进行了系统性的研究，主要方法包括文献研究法、案例分析法、专家访谈法、问卷调查法、熵增原理、复杂网络理论、结构方程模型、系统动力学方法、计算机仿真技术。

1.3.5 研究框架结构

本书研究内容之间构成一个有机的整体,共同实现本研究的目标。不同研究部分之间的联系可以用图1-4所示的框架结构来表示。通过第2章明确地铁系统运行脆弱性的含义,研究将从地铁干扰源和地铁系统自身脆弱性展开,第3章解析了地铁系统运行干扰源的特性,第4章明确了地铁系统运行脆弱性影响因素对地铁系统的作用机理,第5章量化各类地铁系统运行脆弱性影响因素的重要度,第6章在第4章和第5章的基础之上构建了地铁系统运行脆弱性系统动力学模型。

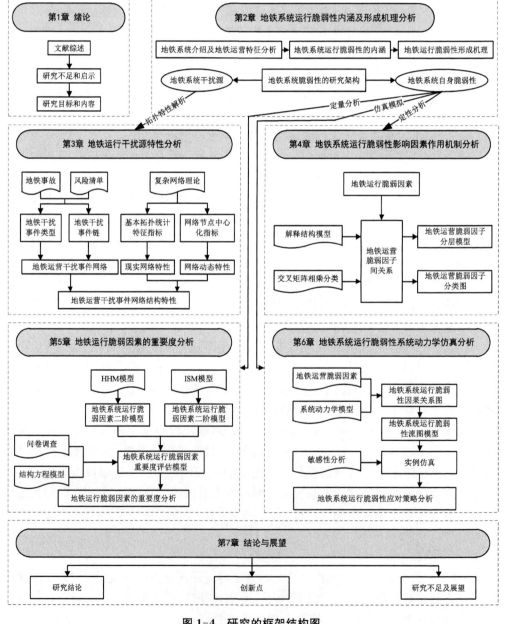

图1-4 研究的框架结构图

1.4 本章小结

本章介绍了本书的研究背景和研究意义,通过详细的文献综述,从事故模型、地铁运营安全、各领域脆弱性研究和系统仿真方法四个方面,对国内外的相关研究文献做了系统性的梳理,明确了相关的研究内容和研究现状,总结出现有研究的不足之处。针对这些研究不足,本章提出了本书的主要研究目标和研究内容,详细阐述了本书研究的框架结构。

2 地铁系统运行脆弱性内涵及形成机理分析

地铁是一个庞大而又复杂的交通系统，城市地铁运营涉及多部门、多专业，需要众多子系统协同配合工作，是一项极为复杂的系统工程。地铁系统的强耦合性和关联性使得其运行容易受到多种多样的干扰，容易出现故障和事故，地铁运营具有较强的脆弱性。地铁系统脆弱性的研究是当前城市轨道交通领域研究中一个新的热点和难点问题，在脆弱性研究中首先需要明确研究对象以及研究的层次和范围。因此，本章首先对地铁系统及其运营特征进行了简要介绍，然后借鉴其他领域关于脆弱性的定义，明确了地铁系统运行脆弱性的含义，最后详细剖析了地铁运行脆弱性的形成机理，为后续地铁系统运行脆弱性的仿真及应用研究提供基础理论支撑。

2.1 地铁系统运行特点分析

城市轨道交通是城市公共客运交通系统的重要组成部分，是城市大运量的客运交通系统。轨道交通，顾名思义就是建在轨道上的现代交通形式。中国国家标准《城市公共交通常用名词术语》中将城市轨道交通定义为通常以电能为动力，采取轮轨运转方式的快速大运量公共交通的总称。住建部发布的《城市公共交通分类标准》中，城市轨道交通被定义为采用轨道结构进行承重和导向的车辆运输系统，根据城市交通总体规划的要求，设置全封闭或部分封闭的专用轨道线路，以列车或单车形式运送相当规模客流量的公共交通方式。而美国工程师协会则将城市轨道交通定义为利用地面、地下或高架设施，不受其他地面干扰，使用专用动力车辆行驶于专用线路，并以密集班次、大量快速输送都市及邻近地区旅客的公共运输系统。无论是哪种定义，都反映出城市轨道交通大运力、快捷、高效的本质特征。

目前城市轨道交通有很多类型，如地铁、轻轨、有轨电车等，其中地铁最为常见。地铁原是地下铁道的简称，但广义上的地铁还包括地面轻轨和高架城市铁道，而且在一些城市地铁系统中往往是三者联系在一起的，所以目前地下铁路、地面轻轨和高架城市铁道被统称为地铁。本书研究对象城市地铁系统(Urban Metro System，UMS)就是一种具有车辆、线路、信号、车站、供电、控制中心和服务设施的独立有轨交通系统，其正常运行不受地面道路拥挤的影响，能够按照设计的能力正常运行，实现快捷、安全、舒适地运送乘客。地铁系统组成部分繁多，包括供电子系统、通信子系统、信号子系统、给水与排水子系统、屏蔽门与安全门子系统、防灾与报警子系统、环境与设备监控子系统、机车车辆子系统、车辆段检修设备子系统、自动售检票子系统、通风空调与采暖子系统、电梯和自动扶梯子系统等，这些子系统交互作用、协同工作,形成一个有机的整体,共同完成地铁系统的公共运输任务。

城市地铁的建设能够充分利用地上和地下空间,不占用地面街道,因而能有效缓解道路的拥挤和堵塞,大大缓解大城市中心城区的交通压力。由于城市地铁的行车组织密度高,列车行车时间间隔短,因此地铁系统具有强大的运输能力。据统计,目前特大城市的地铁系统承载的客运量都达到 100 万人次以上,以上海地铁为例,其高峰日客流量已突破 442 万人次[111],远远超过地面交通的运输能力。此外,得益于独立的专用轨道系统,地铁能够不受其他交通方式的干扰,不会产生线路拥堵,而且受天气的影响较小,具有准时性和速达性。相比于其他公共交通方式,地铁系统享有专用的运营空间,配备更多高科技设备来改善旅客乘车体验,因此地铁具有较高的乘车舒适度和安全性。由于这些得天独厚的优势,地铁已经成为许多大城市解决交通拥堵的首要选择,并演变成城市交通发展战略中的骨干。

然而作为大规模、大运量的公共交通工具,地铁也有其自身的短板和缺陷,这主要取决于地铁系统的空间、物理和功能特性。这些特性导致地铁运营变得异常复杂和多变,并且容易受到周围各方面因素的影响,表现出很强的运行脆弱性。

1) 空间特性

地铁一般通过深埋于地下或安置于高架之上来减少周围环境对其运营的影响,然而在这样的相对密闭空间内,环境封闭、设备高度密集,加上人流量大、出入口少、救援路线长,一旦发生重大事故、灾害等突发事件,将会给救援行动带来很大挑战,人员疏散逃生也会受到极大限制,处置不当将会产生巨大的人身和财产损失,对社会经济和生活造成重大影响。由于这种空间上的限制,使得地铁运营具有以下特点:①全线性。由于地铁列车具有依赖于单一轨道连续运行的特点,一旦在运行线路上发生严重事件、灾害,会造成整条线路的运营中断,甚至可能影响其他线路的正常运行,而且在一定时间内难以恢复正常运行。②连带性。地铁客流量大,而客流在一定时间内局限于有限的封装区域内,一旦发生突发事件、灾害,除了乘客可能受到直接伤害外,还极易造成其他各类次生、衍生和耦合灾害。③局限性。当地铁发生重大突发事件、灾害,在实施救援时,事发地点空间的限制给救援工作带来困难。救援工作延续时间越长,灾害的影响程度就越大。④群体性。在地铁车站、隧道、商场区域,单位面积人数多,在发生突发事件、灾害时,极易造成群死群伤,社会影响大。此外,随着地铁规模的不断扩大,北京、上海、广州、南京等城市面临着网络化地铁运营时代,原先的单线独立运行逐步发展转变为多线网络运行管理,站点与站点之间、站点与线路之间、线路与线路之间的关联度和复杂性加剧,这使得局部网络上的一个小的干扰由于显著的波及和联动效应而使得整个地铁网络陷入瘫痪,地铁系统呈现出很强的拓扑结构脆弱性[112],地铁不仅会面临着多种多样、错综复杂的干扰事件和灾害,而且这些干扰事件会因为地铁的空间特性,给其运营带来更为严重的影响和后果。

图 2-1 描述的是发生于 2011 年 9 月 27 日的上海地铁追尾事故过程。该事故造成 271 人受伤,是继 1995 年东京地铁沙林毒气事件、2003 年大邱地铁纵火案后,发生在东亚的一起涉及地铁的重大事故。从该事故可以明显地看出地铁系统的空间特征给其运营带来的巨大影响,这不仅使得虹桥路站至天潼路站封站停运,直接影响到地铁 1、2、3、4、7、8、10 号线的正常运营,而且间接影响了 9 号和 11 号线,整个地铁网络运行性能大幅度下降[7]。

图片来源:http://news.sina.com.cn/zlshmetr010/index.shtml。

图 2-1　上海地铁"9·27"追尾事故

2) 物理特性

地铁系统聚集了大量的专业设备设施,各设备设施子系统之间及系统与外部有很高的关联度,一旦某个子系统出现问题,就会迅速影响和波及其他子系统,形成连锁反应,进而传播和扩散到整个地铁系统,影响地铁运行的正常功能,甚至造成系统部分或整体功能的瘫痪,地铁系统的这种物理特性会加剧其脆弱程度,让地铁变得难以控制,给地铁安全运行带来更大挑战[113]。进一步深究,地铁的这种物理特性源于各子系统之间的交互复杂性和紧密耦合性。交互复杂性是指因为复杂的连接和关联关系,两个或者更多系统的失效会以一种意想不到的方式相互影响。多样的技术性或者组织性的复杂关系让地铁系统变得难以控制。另一个造成控制难以进行的特征是紧密耦合性。紧密耦合性是指由于与其他子系统之间存在直接和即时的连接和关联,流程发展速度太快,故障子系统无法被关闭或者隔离。虽然紧密耦合能够提高系统效率,在给定的空间内使得地铁系统具备更多的功能,拥有更快的速度,但是系统由于缺乏"自然"缓冲,会变得很难甚至无法松弛,系统对于任何的扰动反应都会很快,并且会立刻将扰动传播开来,因而使系统变得更加脆弱。

3) 功能特性

地铁作为公共交通工具,其主要功能就是运输乘客,这一功能特性决定了地铁系统在履行其服务功能的过程中势必会与大量的人员产生交互,乘客的行为将很大程度上决定其运行效率。乘客的异常行为,包括个体、群体乘客的异常行为,以及任何原因导致的异常大客流,都将引发地铁系统的脆弱性[5],降低其运输效率,带来运行的延误、中断,甚至是大规模的瘫痪。除此之外,地铁的功能特性还使得地铁系统具有半开放性,方便乘客的同时也无形中增加了人为恶意破坏的可能性。人为恶意破坏是指以造成伤害或损失为目的的蓄意人为干扰,包括恶意者报复社会和恐怖分子制造恐怖袭击等行为。地铁相比于其他交通工具,更容易发生人为恶意破坏行为,而不断攀升的客流量,使得乘客的行为,特别是乘客的异常行为变得更加难以预测和掌控,因此地铁运营具有很强的脆弱性,运营风险很大,保障地铁运营安全的工作也变得相当困难。

2.2 脆弱性概述

2.2.1 脆弱性的内涵

脆弱性(Vulnerability)一词来自拉丁文,韦氏词典对其英文解释为:(1)Easily hurt or harmed physically, mentally, or emotionally,容易受到伤害的;(2)Open to attack, harm, or damage,暴露于攻击、伤害或破坏面前的。从定义可以看出脆弱性表示在干扰存在的情况下,系统易受攻击、易受伤和被损坏的特性,反映了相关系统及其组成要素易于受到影响和破坏,并且缺乏抗拒干扰、恢复自身结构和功能的能力[114]。脆弱性会让系统无法抗拒危险事件的影响,也无法在事件发生之后恢复初始的功能状态。脆弱性是一个普适性很强的概念,基本上所有的研究对象均可能存在不同程度的脆弱性,小到个体、组织,大到系统,无论多么强壮,自身都存在着弱点。一旦一个弱点受到攻击、利用,其造成的影响是不可低估的,最典型的就是"阿喀琉斯之踵"(Achilles' Heel),虽有金刚不坏之身,却有"弱肉"的脚踝,成为脆弱之处和致命弱点。由此来看,脆弱性是一种源于系统内部的、与生俱来的属性[115-116]。

脆弱性是一种系统属性,会影响到危险事件发生的后果,降低系统脆弱性能够降低危险事件的风险,因此这一个概念被很多国家的政府部门和机构采用,他们结合各自的研究对象,从不同的研究视角给出了不同的脆弱性定义[117-119],如表2-1所示。

表2-1 政府机构对脆弱性的定义

政府机构	脆弱性定义
澳大利亚突发事件管理署 (Emergency Management Australia, EMA)	脆弱性是社区或环境对危险的易感性和恢复能力的尺度,是在风险中特定元素的损失度
美国国家农村供水协会 (National Rural Water Association, NRWA)	脆弱性是系统面临的能够使系统陷入瘫痪的安全漏洞
美国国家海洋与气象部 (National Oceanic and Atmospheric Administration, NOAA)	脆弱性为资源对不利影响的易感性
联合国政府间气候变化专门委员会 (Intergovernmental Panel on Climate Change, IPCC)	脆弱性是指系统容易遭受和有没有能力对付气候变化的影响(主要是不利影响)的程度
联合国国际减灾战略 (United Nations International Strategy for Disaster Reduction, UNISDR)	脆弱性为能够导致社会群体对灾害影响的敏感性增加的自然、社会、经济和环境因素或者过程的状态

在学术领域,脆弱性的定义同样具有多元论述的特性,不同领域的学者有不同的定义。脆弱性的研究最早开始于自然科学领域,如生态系统、灾害学、环境变化等领域,从生态破坏的角度定义脆弱性。20世纪80年代,脆弱性研究大量涌现,并且脆弱性内涵不断延伸至社会人文科学领域,如经济学、政治生态学、可持续发展等,从造成人类脆弱性的经济、社会关系、政治文化和权力结构等角度去定义脆弱性。除此之外,脆弱性的概念还被引入工程科学领域,如电力系统、交通运输系统、计算机系统等。脆弱性的研究呈现多学科交叉的趋势,不同领域学者都对脆弱性的含义进行了探讨,具体如表2-2所示。

表2-2 不同研究领域学者对脆弱性的定义

研究领域		脆弱性定义或描述
自然科学	生态学	脆弱性是系统由于灾害等不利影响而遭受损害的程度或可能性[120]
		脆弱性定义为系统或系统的一部分在灾害事件发生时所产生的不利响应的程度[121]
		脆弱性是社会个体或者社会群体应对灾害事件的能力,这种能力基于他们在自然环境和社会环境中所处的形势[122]
		生态系统脆弱性是指在一定机制作用下,易由一种状态演变成另一种状态,遭变后又缺乏恢复到初始状态的能力[123]
		生态系统脆弱性是指在生态系统脆弱带中,由自然与人类活动相结合造成的环境退化、土地生产力下降等情况,所表现出来的不能长期维持目前人类利用和发展水平的一种特性[124]
	灾害学	脆弱性用以描述相关系统及其组成要素易于受到影响和破坏,并缺乏抗拒干扰、恢复自身结构和功能的能力[125]
		脆弱性是暴露、预见能力、应对能力、抵抗力、恢复力以及致灾力的函数[126]
		脆弱性即个体和群体所具有的预测、处理、防御自然灾害不利影响并恢复自我的一种能力的特征[127]
		脆弱性指一定社会政治、经济、文化背景下,某孕灾环境区域内特定承灾体对某种自然灾害表现出的易于受到伤害和损失的性质[114]
工程科学	计算机	计算机脆弱性是系统的一组特性,恶意的主体(攻击者或者攻击程序)能够利用这组特性,通过已授权的手段和方式获取对资源的未授权访问,或者对系统造成损害[128]
		计算机网络的脆弱性是由于网络本身存在一些固有缺陷,非授权用户利用这些缺陷可对网络系统进行非法访问,这种非法访问会使系统内数据的完整性受到威胁或遭到破坏不能使用[129]
	电力	电力系统的脆弱性是指由于人为干预、信息、计算、通信、内部元件和保护控制系统等因素的影响而潜伏着的大面积停电的危险状态,这种危险状态是在系统发生故障时才暴露出来,并表现为系统能否保持稳定和正常供电的能力[130]
	道路交通	道路运输网络的脆弱性是易于受扰动影响而导致道路交通运输网络服务水平极大下降的敏感度[87]
		道路交通系统脆弱性定义为在某些特定环境下道路交通运输系统的不可运转性[131]
		道路交通运输网络脆弱性是受到随机事件的影响,失去部分或全部连通能力而导致道路交通运输网络性能或服务水平下降的性质[132]
	供应链	供应链的脆弱性是由供应链内部风险和外部风险影响而使供应链所暴露的严重功能障碍和扰动[133]
		供应链脆弱性与风险密切相关,脆弱性源于供应链风险的暴露,由供应链风险造成的且会影响供应链对最终客户服务效率扰动的暴露[134]

续 表

研究领域		脆弱性定义或描述
社会科学	金融	金融脆弱性是银行违约概率与盈利状况的综合,较高的违约概率和较低的盈利能力显示了金融系统的脆弱状态[135]
		金融脆弱性就是金融制度或金融体系的脆弱性,是金融制度结构出现非均衡导致风险积聚,金融体系丧失部分或全部功能的金融状态[136]
	区域发展	区域发展脆弱性是系统的内部特征,在区域系统发展的前提下,对区域系统稳定机制的不断破坏,是系统在发展中负作用的量变,由于内外部因素的影响,累积到质变时可以使区域系统彻底崩溃[137]
		区域经济系统脆弱性是指由于区域经济系统对区域内外扰动的敏感性以及缺乏应对能力而使其容易向不利于区域可持续发展方向演变的一种状态[138]
	社会	社会脆弱性是社会群体、组织或国家暴露于灾害冲击下潜在的受灾因素、受伤害程度及应对能力的大小[139]
		社会脆弱性被定义为个人、群体或社区缺乏应对和适应外部压力的能力,这些压力会影响其生计和福祉,脆弱性取决于资源的可获得性和个人或群体呼吁这些资源的暴露度[140]

虽然不同的机构和学者对于脆弱性的定义不尽相同,但综合各种描述,脆弱性的概念可以分为四类:①脆弱性是暴露于不利影响或遭受损害的可能性[141-142];②脆弱性是遭受不利影响损害或威胁的程度[121,143],取决于系统的敏感性和适应能力;③脆弱性是承受不利影响的能力[122,144];④脆弱性是一个概念的集合,既考虑系统内部状态及其特征,也包含系统与外界扰动的相互作用[145-147]。脆弱性描述了一个系统的状态,决定了潜在危险影响所引起的损失和破坏。

脆弱性是系统的一种固有属性,由系统面对外界扰动的敏感性和反应能力构成,与干扰、压力、危害物、系统防护、敏感性、反应能力等因素有关[147],它与暴露和干扰存在与否没有关系,只是当系统暴露在一定干扰下,这种属性才表现出来,它决定了系统遭受破坏的可能性和破坏后果的程度。系统的内部特征是系统脆弱性产生的主要、直接原因,而扰动与系统之间的相互作用使其脆弱性放大或缩小,是系统脆弱性发生变化的驱动因素,这种驱动因素的作用通过影响该系统内部特征而使系统脆弱性发生改变,并最终通过系统面对扰动的敏感性以及应对能力体现出来。

2.2.2 脆弱性相关概念辨析

脆弱性的相关研究中有很多与其相关的概念,如安全、风险、可靠性、鲁棒性、回弹性、韧性、恢复力等等。这些概念与脆弱性有些含义相近,有些含义相反,但研究范围和方法都或多或少有一定的重合和相似。因此对这些概念进行辨析,能够更为清晰和深入地明确脆弱性的含义。

可靠性(Reliability)与脆弱性都是描述系统在运行过程中所表现出来的相关性能,反映了系统工作时的状态。可靠性是指在规定的条件下,给定的时间范围内,系统无故障地运行其定义功能的可能性和能力[113],它包含耐久性、可维修性和设计可靠性等要素。"时间"是可靠性的一个重要部分,而且系统的所有组成部分均可靠才能说系统在一定时间内可靠。

脆弱性与可靠性可以通过图2-2加以区别。可靠性分析通常仅仅关注对象无故障执行制定功能的能力或可能性,更加强调提升系统的安全。而脆弱性则主要解决系统在扰动发生的情况下,识别出削弱其服务或功能的关键环节,找出系统受影响最严重的部位,更强调降低系统的风险及其带来的影响。

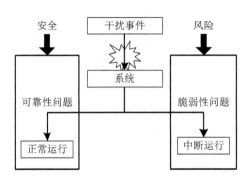

图2-2 脆弱性与可靠性的区别

稳定性、鲁棒性和恢复力含义与可靠性相近,也是与脆弱性存在一定联系的概念,这些概念各自关注的重点如图2-3所示。稳定性(Stability)指的是系统抵御外部干扰以保持理想工作状态的能力[113],它反映了系统在受到外界和内部因素的扰动后,能保持在有限边界的区域内活动或恢复到原平衡状态的性能。鲁棒性(Robustness)指的是系统在面对扰动,内部结构发生变化的情况下,具有抵御外部干扰、保持稳定性、渐近调节和动态特性的能力,系统仍然能够达到一定服务性能的程度[112],维持它预期功能的能力,基本上是一个描述对

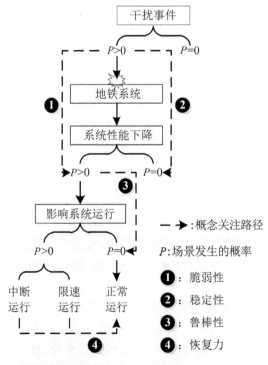

图2-3 脆弱性与稳定性、鲁棒性、恢复力之间的区别

破坏容忍度的静态概念。它主要反映系统能够承受不确定影响的程度。稳定性越低，鲁棒性就越明显，系统脆弱性就越高，反之亦然。脆弱性的研究重点在于识别系统的脆弱性程度，而稳定性和鲁棒性的研究重点在于研究系统的强健程度。恢复力(Resilience)是指系统在遭受干扰因素破坏后恢复到正常状态的能力[148]，即系统能够承载和从故障中恢复的能力。它反映了系统适应变化以及平稳吸收冲击的特性。系统恢复力的高低取决于系统能够承受的最大干扰以及系统恢复的速度，其研究重点在于恢复，包括恢复时间和恢复程度。

2.3 地铁运行脆弱性的界定与特征分析

2.3.1 地铁系统运行脆弱性含义

地铁是一个庞大的复杂系统，不仅包含子系统众多，而且运营环境多变，系统无时无刻不受到不确定因素的扰动，这些因素可能来自人员、技术、社会、自然等外界方面，也可能来自系统内部自身缺陷。一旦系统遭受扰动破坏，将很难完全保证地铁系统正常运行，轻则导致地铁系统不能提供正常服务，重则导致整个系统出现瘫痪，结合前面地铁系统特性的描述和脆弱性含义的解析，地铁运行脆弱性(Metro Operation Vulnerability, MOV)可以理解为地铁系统运行过程中任何能够引起其性能下降的特性，本书将 MOV 定义为：

定义* 地铁系统的脆弱性指由于受到内、外随机因素的扰动，地铁系统具有使得表征系统某一特征的系统结构、系统状态和系统行为发生变化的性质。

从定义 1 可知，MOV 的含义包括：(1)系统的内外干扰事件是 MOV 被激发的必要条件，而不是充分条件。(2)MOV 是否发生取决于地铁系统运行的关键系统特征是否改变，而不苛求地铁系统运行的所有特征都发生变化。(3)脆弱性与脆弱性激发是两个不同的概念，脆弱性是地铁系统的本质属性，而脆弱性激发是指 MOV 受到干扰因素作用而导致的最终结果。(4)脆弱性激发带来的性能变化是负面的，会造成地铁系统运行性能的下降。借助图 2-4[149]可以进一步通过地铁系统在遭受干扰后性能 $\varphi(t)$ 的变化来明确 MOV 的内涵。在干扰事件发生之前，地铁系统在一定时间内始终保持着稳定的性能 $\varphi(t_0)$，t_e 时刻干扰事件出现后，地铁系统由于 MOV 性能迅速下降至 $\varphi(t_d)$，并从 t_d 时刻开始一直以 $\varphi(t_d)$ 的性能状态处于系统退化期，t_s 时刻由于恢复行为的作用，地铁系统性能开始回升，并于 t_f 时刻恢复至 $\varphi(t_f)$，最后地铁系统将以 $\varphi(t_f)$ 的性能处于稳定恢复状态。当然，可以看出 $\varphi(t_f) < \varphi(t_0)$，地铁系统由于 MOV 将难以在短时间内恢复至系统遭受干扰前的稳定状态，具有稳定原始状态的性能。

MOV 反映出地铁系统在各种随机因素的作用下抵抗干扰的能力及出现故障或事故的可能趋势和后果的严重程度[150]，描述了系统因容易受到不确定因素的干扰而发生故障或损坏，失去部分或全部功能而导致地铁运行性能或服务水平大幅度下降的特性。MOV 说明地铁系统运行具有不稳定性，这种不稳定性不仅体现在外部运营环境的复杂多变，还体现在系统由于存在固有缺陷和薄弱环节而滋生的多种内部干扰上。受到了这些复杂多变、多种多样的干扰，系统将会从初始有序的稳定状态转变为一种相对无序的退化状态，带来系统运行性能、服务水平和品质的降低，导致地铁运营事故或安全事故的发生，造成不确定性的危害性后果。

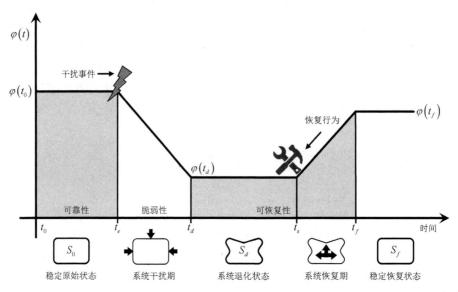

图 2-4 地铁系统受扰动全过程

2.3.2 地铁系统运行脆弱性数学描述

MOV作为地铁系统的一个基本属性,描述了地铁系统在遭受到内外干扰或打击时容易崩溃的特性,它始终伴随着系统存在,并不会因为系统的进化或外界环境的变化而消失。参照**定义** *,可以通过数学描述对MOV进行深层次的解析。

假设地铁系统 S 在 t 时刻的系统状态、系统结构和系统行为分别为 $X(t)$、$Y(t)$、$Z(t)$,其中有 $X(t)=f(Y(t),Z(t))$,表示系统状态由系统结构和系统行为共同决定。地铁系统 S 由 n 个关键子系统 $S_i(i=1,2,\cdots,n)$ 组成,$x_i(t)$、$y_i(t)$、$z_i(t)$ 分别为描述第 i 个子系统的状态、结构和行为的参数,则地铁系统状态表示为

$$\begin{aligned}X(t)&=(x_1(t),\cdots,x_i(t),\cdots,x_n(t))\\&=(f(x_1(t),z_1(t)),\cdots,f(x_i(t),z_i(t)),\cdots,f(x_n(t),z_n(t)))\end{aligned} \quad (2\text{-}1)$$

当地铁系统正常运行时,存在集合 $K \subset R^n, \forall X(t) \in K, \forall t \geqslant 0$。在 t_1 时刻,存在干扰 φ 作用于地铁系统,子系统 S_1 受到影响,其结构发生改变,即 $y_1(t_1) \notin K$,但其行为并未出现变化,即 $z_1(t_1) \in K$,导致子系统 S_1 的状态 $x_1(t_1) \notin K$。在 t_2 时刻,子系统 S_1 的行为做出改变,并影响到子系统 S_2 的系统结构,使得 $y_2(t_2) \notin K, z_2(t_2) \in K$,造成 S_2 的状态 $x_2(t_2) \notin K$。存在 t' 时刻 ($t'=t_1+T>t_2$),T 为延迟时间,地铁系统在子系统的影响下,有 $X(t) \notin K$,则认为地铁系统 S 具有脆弱性,而这一过程被称为脆弱性被激发的过程。

MOV被激发可能是单一干扰事件 φ_1 作用的结果,也可能是多个干扰事件 $\varphi_1, \varphi_2, \cdots$,$\varphi_n$ 共同作用的结果。对于新产生的干扰 φ_{new},它既可能来源于外界,也有可能源自系统内部耦合作用和交互效应。当干扰 φ 作用于子系统 S_1,使得系统状态发生改变,$x_1(t_1) \notin K$,此后,子系统 S_1 为恢复到原状态,将做出应激性行为,即 $z_1(t_1) \notin K$,这种系统行为将

会产生四种结果:

① 修复系统结构成功,并且在修复过程中并未对其他子系统造成影响,即满足 $y_1(t_1) \in K$ 且 $\forall y_i(t_i) \in K | i = 2, 3, \cdots, n$,系统恢复正常状态,$x_1(t_1) \in K$。

② 虽然修复系统结构失败,但是在修复过程中并未对其他子系统造成影响,即满足 $y_1(t_1) \notin K$ 且 $\forall y_i(t_i) \in K | i = 2, 3, \cdots, n$,系统依然为异常状态,$x_1(t_1) \notin K$。

③ 虽然修复系统结构成功,但是在修复过程中对其他的子系统造成了影响,即满足 $y_1(t_1) \in K$ 且 $\forall y_i(t_i) \notin K | i = 2, 3, \cdots, n$,系统恢复正常状态,$x_1(t_1) \in K$。

④ 不但修复系统结构失败,而且在修复过程中对其他的子系统造成了影响,即满足 $y_1(t_1) \notin K$ 且 $\forall y_i(t_i) \notin K | i = 2, 3, \cdots, n$,系统依然为异常状态,$x_1(t_1) \notin K$。

在上述四种结果中,①为最好结果,一般不视为 MOV 被激发,②、③、④均可视为 MOV 被激发,其中④为最差结果,②、③结果的优劣程度需要根据实际情况进行判断。对于除 S_1 的其他子系统而言,③、④两种情形下的系统行为都是一种新的干扰 φ_{new},或者至少说会产生一种新的干扰 φ_{new}。由此可见,在 MOV 被激发的过程中,干扰只可能会不断增多,不会减少。此外,还可以看出,MOV 是否被激发出现结果②、③、④所示状况取决于系统行为是否有效及有效程度。

2.3.3 地铁系统运行脆弱性的特征

地铁系统中不仅承载着大量的人员,拥有众多的线路,还聚集了多种专业设备设施子系统,规模日益扩大和功能日益集成化的需求,让线路之间、设备设施之间的关联性增强,使得地铁系统复杂程度变高、耦合性变强,地铁系统内、外部因素的复杂交互作用也愈来愈明显,地铁系统的这些运营特性使得 MOV 具有以下特征:

1) 差异性

地铁系统规模、位置、结构、发展阶段的差异造成不同城市的地铁系统脆弱性存在较为明显的差异。规模较大、运营时间较长的地铁系统其资金投入、管理能力和制度建设等方面会有较大的优势,无形中降低了系统的脆弱程度,这些系统脆弱性主要体现在它需要应对大客流和及时处理老旧设备设施的更新换代问题上。而规模较小,刚开通运营的地铁线路,其脆弱性则主要体现在积累运营经验不足上,面对突发和干扰事件,可能会出现应对不力、处置不当等现象,增加地铁系统的运行脆弱性。

2) 复杂性

地铁运营过程中,内外部干扰因素的状态变化多端且耦合性较强,激发脆弱性的诱因很多,激发方式也多种多样,这使得地铁系统脆弱性激发的结果和表现方式变化多端,带来的影响和损失后果也不尽相同。技术因素、环境因素、设备因素、管理因素都有可能对地铁系统产生干扰,并且这些干扰之间不是独立存在的,它们会相互影响、相互作用,受影响的部分可能是乘客、职员,也有可能是供电、通信、信号、机车车辆、屏蔽门、电梯等设备设施子系统,同样它们也不是孤立的,而是相互依赖,之间存在着复杂的非线性关系,简单的线性描述将无法反映出脆弱性的本质。

3) 隐秘性

脆弱性作为地铁系统自身的一个基本属性,在系统正常运行时并不显现出来,也没有明显的症状,不为人们所知,不易察觉。地铁系统脆弱性隐蔽于其长期正常运行之下,仅当一定的刺激作用于地铁系统,系统受到来自外部或者内部的不同大小、不同类型和不同程度的干扰时,它才可能被激发出来,从而导致地铁系统的服务水平大幅下降。随着地铁规模的不断扩大、系统层次的不断演化,脆弱性被激发出来的可能性也随之变化,当系统越趋于无序状态,就越容易被激发。随着科学技术的不断发展,地铁运行中将会更多采用新的设备和技术,集成更多的功能,地铁系统脆弱性的隐秘性也会不断增强,给地铁运行安全带来更大的挑战。

4) 动态性

作为公共交通运输工具,开放性毫无疑问是地铁运行过程中最显著的特征,在地铁运营过程中,需要与外界不断进行物质、信息、能量的交换,产生较大的不确定性。不同的时期、不同的环境会使得地铁系统展现出不同的脆弱程度,地铁系统脆弱性具有动态性。一般而言,在早高峰和晚高峰期间,地铁运营的不确定性较大,地铁系统脆弱性被激发的概率较大,带来不可预见的事件和后果,而在其他时间,地铁运营则会相对平稳。此外,在换乘站、枢纽站等客流量较大的车站,地铁系统也会显得更为脆弱,运营风险更大。

2.4 地铁系统运行脆弱性影响因素及形成机理分析

2.4.1 地铁系统运行脆弱性影响因素的识别

2.4.1.1 等级全息建模

等级全息建模(Hierarchical Holographic Modeling,HHM)是一种全面的思想和方法论,它能够从多个方面、视角、观点、维度和层级中捕捉和展现一个系统的内在不同特征和本质[151]。等级全息建模最早应用在系统风险识别上,特别是对复杂系统。复杂系统及其组成部分无法以单一视角、用单一模型来描述,HHM 是将复杂系统以互补、协作的方式分解为部件、子系统等层次,通过构建全面的理论框架,形成一个可以覆盖整个系统、识别所有方面风险的综合模型。陈天平等设计了信息系统的 HHM 框架,并将其应用到信息采集和风险识别的过程中,提高了风险评估的准确性[152]。马丽仪等运用 HHM 技术辨识系统的风险,开发了卫星系统研制项目的风险识别模型[153]。吕周洋等结合 HHM 与鱼骨图,形成改进的 HHM 建模识别方法,对南水北调东线工程运行的社会风险因子进行了识别[154]。焦亮选用 HHM 方法,建立车辆风险等级全息模型,对部队车辆面临的风险进行了系统全面的识别分析[155]。HHM 中"全息"指的是能够从多个视角对系统进行观察,生成系统的多个视角图像。"等级"则指的是识别在系统等级的不同层面出现的问题。基于这两个角度,HHM 在对大规模、复杂的、等级结构的系统进行建模时变得非常有效。

2.4.1.2 基于 HHM 的地铁系统运行脆弱性影响因素的识别

地铁系统的运行受到诸多来自系统内外多方面因素的影响,这些影响因素是造成地铁系统的承载力不足,致使其在面对干扰源时表现得异常脆弱的根本原因,因此应当首先找出地铁系统到底有哪些脆弱性影响因素。为有效和全面识别地铁系统运行脆弱性影响因素,本书首先对相关的文献进行了检索。一般文献检索数据库、出版商数据库、期刊和学报网站是进行文献检索的基础,检索地铁系统脆弱性影响因素所涉及的具体文献来源罗列于表 2-3 中。检索过程中,主要对题目/摘要/关键词(Title/Abstract/Keywords,T/A/K)进行检索,相关的检索词为 T/A/K＝vulnerability OR vulnerable OR weak OR weakness OR disrupt OR disrupted OR vital OR critical OR susceptibility，and T/A/K＝subway OR metro OR urban rapid transit OR urban rail system，and T/A/K＝influencing factor OR impact element OR attribute enable。此外对于文献的时间限制在 2005 年以后,而对于文献类型则并不加以限制。

表 2-3　文献检索来源

Bibliographic/general databases	Publisher databases and journal websites	中文文献来源
Google Scholar, ISI Web of Knowledge, Engineering Village, Scopus, ProQuest	Elsevier's ScienceDirect, Wiley Online Library, SpringerLink, IEEE Xplore Digital Library	中国知网,万方数据库,维普资讯

对于初步收集到的文献和资料,需要进行进一步的筛选和整理,其流程如图 2-5 所示。检索到的有关地铁系统脆弱性影响因素的文献经过初步筛选可以发现,很多因素有着相同的或者相似的意思,而有的因素过于宽泛,里面包含的内容较多,但没有细致展开,在对文献获取的地铁系统脆弱性影响因素进行拆分和重组后,进行归类和编码形成影响因素的 HHM 指导性框架。初始框架将脆弱性影响因素从人员、设备设施、环境和管理四个方面进行归类,但进一步分析发现这四个方面无法涵盖所有因素,如地铁的路网拓扑结构、地铁设备设施的关联程度等,因此,在原有类别基础上新增结构因素和应急因素类别。

最终利用 HHM 方法可以从人员、设备设施、环境、管理、结构和应急 6 个方面识别 20 个地铁系统脆弱性影响因素,如图 2-6 所示。

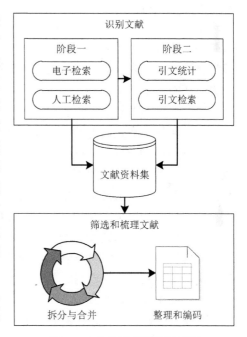

图 2-5　文献检索策略及流程

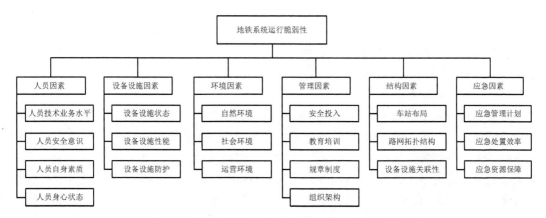

图 2-6　地铁系统运行脆弱性影响因素 HHM 框架

1) 人员因素

城市地铁系统中的人员大致分为两类。一类为地铁从业人员,主要包括基层工作人员和各部门管理人员,其中基层作业人员可分为列车司机、调度员、检修员等技术人员以及车站安检员、站务员、值班站长等专职管理人员,而各部门的管理人员为各级领导人员。不同岗位的工作人员对地铁运营的影响程度也不同,重点岗位的员工(包括综控员、调度员、维修员和乘务员)对地铁运营影响较大。另一类是非从业人员,主要指乘客和其他影响地铁运营的社会人员等。

人作为地铁系统正常运营决策、控制的主体,在地铁运行安全中起到主导作用。它既可以是安全问题的主要来源——人的不安全行为会让系统变得比较脆弱,也能够成为解决安全问题的重要因素——一个掌握足够技能的人可以发现并纠正系统故障,并且使其恢复到正常状态。在地铁运营的各个环节和活动中,都需要人为参与操作、协调、控制和监督,与外界环境交流,形成信息流的传递。因此,人员因素对地铁系统的脆弱性有很大影响,是地铁运营安全管理中的决定性因素。但同时由于人员因素的积极性、主动性和活跃性,它也是最难把握控制的因素,成为制约地铁运营安全水平提高的一个难点和重点。来源于人的影响因素主要有以下四个:

(1) 人员的技术业务水平[156-160]

技术业务水平是员工的专业知识和经验的总称,是指员工在掌握一定专业知识的基础上,结合自身的工作经验所得到的进行各种业务操作的综合能力。业务水平的高低不仅仅取决于其所掌握的专业知识,还取决于员工的业务熟练程度和工作经验等。对专业知识的掌握程度能够反映出员工对本岗位的适应能力,它通常与员工的文化程度和自身的努力程度有关。技术业务水平高的员工在工作中不容易犯错误,并且能够沉着冷静地应对突发状况并进行迅速有效的处理。相反,技术业务水平低、缺乏工作经验的员工则容易在工作中出错,对新设备及故障的处理经验少、处理能力弱,遇到问题时也无法及时妥善地应对,给地铁的安全运营带来了巨大隐患。

(2) 人员的安全意识[156-160]

安全意识是人们在进行有目的的生产活动中对危险的识别和判断能力,是人脑对客观存在的不安全因素(人的不安全行为、物的不安全状态及环境的不安全条件)的综合反应[161]。它是人们在所了解和掌握的安全理论与知识之上形成的观念和意识的总称。它的高低取决于人们对安全需要和危险元素的认知能力。人的警惕性越高,其对危险的敏感程度也就越高,安全意识也就越强。安全意识强说明人们对于安全警报和安全信息的关注程度高,不安全行为发生的概率就会很小。

(3) 人员的自身素质[158-160]

人员的自身素质是指个人的品质和素养,是个人品德和修养的综合表现。良好的自身素质能够规范其个人行为,降低风险事件发生的可能性。无论是员工还是乘客,素质较高的人不会做出对系统安全运行不利的举动,因而引发安全事故的可能性也较小,因此自身素质对地铁的运营有着很大影响。个人素质的高低往往取决于其个人态度、责任感、品格、受教育程度等。素质高、自律性强的员工不会在工作时间从事其他无关事情,更加不会做出违章违纪、漏检漏修的行为,在面对突发事件时,会体现出较强的组织性和纪律性,能够及时到位并且各司其职,这些都为地铁安全运营奠定基础。素质高的乘客会有较强的安全意识,较少会做出不安全行为。

(4) 人员的身心状态[158-160]

身心状态主要包括个人的身体状态、心理状态。身心状态直接关系到每个员工能否安全完成自己的工作,拥有良好的身心状态是员工履行自身职责最根本的保证,是安全工作的最基本因素。个人的健康状况、疲劳程度和情绪会影响到工作,继而会影响到地铁运营。员工工作负荷过高、压力过大会使得员工注意力不集中,情绪变得不稳定,心情烦躁,人会变得比较疲劳,工作效率亦会下降。此外人员的身心状态还受到周围环境的影响,糟糕的环境会使人变得比较烦躁,无法安心完成工作,一旦人员急于完成当前工作,那么其完成质量、完成效率势必会打折扣。

2) 设备设施因素

由于地铁系统是由多个相互关联、相互影响的子系统组成,因此设备设施是影响地铁运营安全的另一重要因素。设备设施的质量是保证地铁运营良好的基础,设备设施的运转情况也影响着地铁的运营安全。只有保证了地铁装备功能完善,系统性能先进,有较强的防灾抗灾能力,并且车站和区间隧道建筑结构设计合理,地铁才能够安全运行。地铁涉及的子系统众多,其中主要包括车辆系统、供电系统、消防系统、线路及轨道系统、机电设备、通信设备、信号设备、环境与设备监控系统、自动售检票系统、土建及其他辅助设备设施等。这些子系统分布在地铁车站及地铁沿线,为地铁的安全运行和营造舒适的乘车环境提供保证。

任何一个子系统出现问题,都会对地铁运行造成负面影响。其中车辆系统和信号系统故障对地铁影响较大。车辆系统包含车体、车门、车钩缓冲装置、转向架和制动装置等部分,其中车门故障和电气设备故障较多,但对地铁的影响较小。相比而言,列车制动出现问题带来的影响较大,轻则会导致列车的延误,重则会引起列车脱轨、列车追尾等重大行车事故,造成不可避免的人员伤亡。信号系统包括信号设备、联锁设备、闭塞设备三部分。其中信号设备指挥列车运行,联锁设备保证地铁车站列车运行的安全,闭塞设备则是保护区间列车运行安全的专门设置。目前,多数地铁信号系统都采用了列车自动控制系统(Automatic Train Control,ATC),它主要包含列车自动监控(Automatic Train Supervision,ATS)、列车自动防护(Automatic Train Protection,ATP)和列车自动运行(Automatic Train Operation,ATO)三个子系统。信号系统故障会导致车辆运行异常,列车将无法停靠车站或离开车站,造成车站乘客的拥堵和滞留,如果处理不当还可能引起列车追尾等严重事故。地铁子系统出现问题主要源于下面三个方面:

(1) 设备设施的状态[36,156,159,162]

设备设施的状态是指其在地铁运行过程中的表现,它与设备设施的运行时间和维修保养情况有关。一般来说,设备的运行时间越短,即设备越新,其状态就越好。设备在使用过程中会有磨损和消耗,久而久之便会出现精度降低、设备老化的现象,致使其功能下降甚至是中断而影响正常运行,给地铁系统带来负面影响。定期对设备进行检测和维修保养可以减少损耗带来的影响,维修保养工作越认真,越仔细,设备设施的状态就会越好,其出现故障的可能性就越低,地铁系统运行就会更加安全。

(2) 设备设施的性能[36,156,159,162-163]

设备设施的性能主要取决于其可靠性及先进性。可靠性是指设备设施在规定条件下、规定时间内,处于正常工作状态时的能力,它可以用可靠度、故障平均时间、故障率等来衡量。设备设施越可靠说明其性能越高,地铁运行就能更加安全。此外,在条件允许的情况下,尽量采用设计更加先进、功能更加完善的设备设施。先进的设备设施集成了更多新的科技成果,弥补现有设备设施的某些缺陷,从而提升地铁系统的安全性能。在地铁运行过程中,为保证列车运行安全,须保证列车间以一定的安全间隔运行,即实现一个区间(闭塞分区)内,同一时间只允许一列车占用。就以闭塞技术为例,用自动闭塞取代半自动、人工闭塞,减少人工参与程度,提高系统运行安全。

(3) 设备设施的防护[36,156,159,162-163]

设备设施防护是否到位直接关系到系统的运行安全,防护到位能够提升系统的抗风险能力,减少干扰事件对系统的影响。在地铁车站站台边设置屏蔽门就是对线路及轨道系统的保护,它能够有效地杜绝乘客的自杀行为,同时防止拥挤导致的乘客跌落站台事件。对重点设备设施添加安全防护标志及设置防护区,能够有效防止乘客的有意或无意干扰。这些防护措施都能够有效地抑制不安全事件的发生,使地铁运营能更安全。

3) 环境因素

对于任何一个系统而言,它都是处于一定的环境之中并与环境产生物质、能量和信息的交换,环境势必会对系统造成很大的影响。地铁系统也不例外,它主要受到内部环境——运营环境和外部环境——自然环境、社会环境的影响。

(1) 自然环境[157,159-160,162-163]

自然环境是指自然界提供的、人类暂时难以改变的生产环境。在各种自然灾害中,各种地质灾害对地铁系统的运行影响最严重,如地震,其危害也是最大的。暴雨带来的强降雨,如果不及时疏导,积水会倒灌进车站,致使车站设备设施受潮损耗,给地铁运营造成很大影响。此外,地铁系统对于强风、暴雪等气象也比较敏感,持续的暴风雪会影响地面车段和高架车段列车的行车环境,导致地铁车站线路的停运。

(2) 社会环境[156,158,162-163]

社会环境包括社会的政治环境、经济环境、技术环节、管理环境、法律环境及社会风气等。由于地铁车站的开放性和易接近性,因此它经常会成为恐怖分子袭击的对象,带来灾难性的后果。在安稳的社会环境下,城市治安环境稳定,车站有秩序,这能够有效地阻止恐怖袭击事件的发生,降低系统的脆弱性,为地铁安全运行提供坚实的保障。

(3) 运营环境[159-160]

运营环境主要包括地铁员工的工作环境和乘客的乘车环境。相比于地面建筑,地铁隧道和站台多位于地下,自然环境相对较差,营造一个良好、舒适的内部环境可以消除自然环境带来的不利影响,满足众多乘客和地铁内部工作人员生理和心理上的要求,能够提高工作人员的积极性和工作效率。相反,糟糕的运营环境会让乘客变得烦躁、有情绪,甚至会做出一些不安全的举动,而工作人员在这样嘈杂的环境中很难察觉到这些行为,极易引发事故,给地铁系统带来隐患。

4) 管理因素

作为最具可控性、最容易加以调整和改善的因素,管理因素贯穿于地铁运营的每个环节,它是控制事故最有效的手段。合理的管理手段能够促进系统安全有序的发展,反之,如果管理工作不到位则会导致整个系统的混乱。影响地铁脆弱性的管理因素主要包括安全投入、教育培训、规章制度以及组织结构。

(1) 安全投入[36,159]

安全投入是指企业安全相关资源的投入,人员、技术、设备设施等的投入,安全教育及培训,劳动防护及保健费用,事故救援及预防,事故伤亡人员的救治花费等。安全投入是企业对安全资源的合理分配,只有保障各个系统得到合理的安全投入,才能保证地铁运营安全。安全投入是否到位主要体现在安全投入保障制度以及安全投入落实情况上。安全投入保障制度应该规定好安全生产所必需的资金并且各项资金也要落实到位,只有这样地铁的安全运行才能更有保障。

(2) 教育培训[156-157,159-160,163]

教育培训不仅仅指员工上岗前需要经过系统的、完整的专业知识及技能培训,而且在入职后也应该进行定期的培训和演练。只有经过定期的教育培训,员工对新技术、新设备的操作才能更加娴熟,专业技能才能得到提高。如果安全培训的力度不够,应急演练频次不足,将会出现工作人员知识掌握不熟练、现场应急处置能力差等问题,给地铁系统运行带来重大隐患。

(3) 规章制度[156-157,159-160]

规章制度对员工的行为准则具有约束作用,员工的个人行为、操作方式等都要符合相应的规章制度及操作流程,它是各项工作顺利实施的重要保障。管理规章制度越完善,就越能提高企业的工作效率。如果规章制度存在漏洞、盲区,就会造成管理职责不清、管理混乱、组织协调不畅、信息沟通失真等问题,这些问题不及时解决,就会影响管理的流畅性,进而影响地铁的正常运行。

(4) 组织结构[159-160]

组织结构是地铁管理部门为实现安全运营的目标,在管理工作中进行分工协作,在职务范围、责任、权利方面所形成的结构体系。它定义了各项工作任务是如何进行分组、合作和监管的,是地铁运行安全管理工作得以顺利实施的有力保证。由于地铁是一个多专业、多工种、多部门的复杂系统,列车的运行需要多部门的共同协力、互相配合,任何一个环节出现问题,都会对列车的运行产生影响。因此群体间的沟通尤为重要,而科学合理的组织结构就有利于各部门的信息交流和沟通协作,提高处理问题的效率。

5) 结构因素

系统结构决定了系统功能和行为特性,对于地铁系统而言,同样如此,结构因素是探索和理解其运行特性不可忽略的重要因素。从总体上来看,地铁路网的拓扑结构必然导致地铁系统呈现不同程度的脆弱性,网络规模越小,网络结构遭受破坏对地铁系统的影响就越大,也就越脆弱。具体到网络中的每个节点,即地铁车站,其布局是否合理也决定了面对干扰地铁系统能否有效应对。此外,地铁众多子系统之间的复杂关系也对地铁运行安全有着重大影响。

(1) 车站布局[156,164]

车站是地铁系统的集散节点,承担着乘客集散的重要功能,并且它还是乘客感知地铁系统最直接的界面,因此车站布局是评价地铁安全水平很重要的一个方面。科学合理的车站布局不仅有利于营造安全、便利、舒适的乘车环境,而且能够提高乘客的集散效率以及疏散效率,缓解干扰事件对车站的冲击,降低事故带来的影响。

(2) 路网拓扑结构[7,162,165-166]

地铁路网的拓扑结构是指地铁系统中各个站点相互连接所形成的网络形状,是站点在网络上的连通性。随着城市地铁线路的增多,站与站之间、站与线之间、线与线之间的联系更加紧密,某个车站或线路一旦发生突发事件,就会通过网络进行放大,进而影响整个网络的运行。而拓扑结构就决定了事故的扩散路径、扩散速度以及最后的影响程度。不同站点、不同线路发生事故带来的影响也不同,轻则造成列车停运晚点,重则造成全线路网瘫痪,带来巨大的经济损失。地铁网络主要有以下几种结构:①直线结构、②环状结构两种基本结构,③十字结构、④空气囊结构、⑤X形中央并线结构、⑥割线结构四种基本结构。最终建成的线网都是两种基本线型通过四种基本结构的搭配,组成的⑦环状结构和⑧复杂网络结构,如图2-7所示。

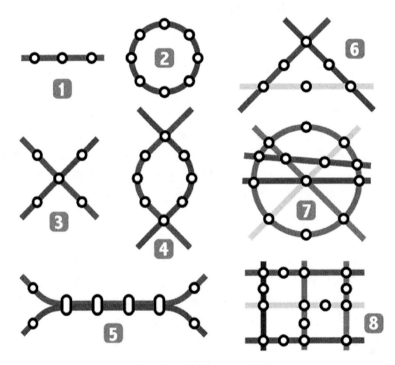

图 2-7　地铁网络拓扑结构类型图

(3) 设备设施的关联性[7,104,162,167]

设备设施的关联性是地铁系统内部各子系统之间的联系,是由设备设施之间的单向或者双向的关系所组成的拓扑网络。地铁系统是集成车辆、轨道、信号、供电、通信、机电、土建等于一体的复杂系统,地铁运营需要各个子系统联动运行,因此设备设施之间势必会存在单向或者双向的关系,这就使得任何一个小的子系统出现问题,都有可能影响到整个系统的正常运转,影响范围就取决于它们之间的耦合程度。这种设备设施间的关联性无疑加重了系统的脆弱性,扩大了设备故障的影响程度和范围。

6) 应急因素

由于不可预见及不可控制因素的存在,地铁突发事件难以避免,那么针对即将出现或者已经出现的干扰事件采取一系列必要的应对措施就显得十分重要,因此应急管理便成为降低系统脆弱性、提升地铁运营安全很重要的一个方面。应急管理不仅包括灾害发生前的各种备灾措施、紧急灾害期间的具体行动、灾害发生后的救灾工作,还包括采取发现、避免和减少由于自然原因和社会相互作用而可能导致的灾害出现的减灾措施等。其目的就是尽最大可能通过科学的有效组织协调来保护人民生命及财产安全,将经济财产损失降低到最低程度,促进社会和谐健康发展。

应急管理的内涵包括预防、预备、响应和恢复四个阶段。预防是指从应急管理的角度出发,防止突发事件或事故的发生;预备是指事故发生前采取行动,目的是应对事故的发生,并提高应急行动能力,推进有效的响应工作,主要任务为制定应急预案及完善应急保障系统;响应是指事故发生后立即采取行动,目的是保护生命、将财产损失降至最低程度;恢复是在响应结束后立即进行,目的是使交通运营恢复到正常状态或得到进一步改善。应急管理直接关系到地铁系统的脆弱程度,决定了干扰事件对系统的影响程度,应急因素包括应急管理计划、应急处置效率和应急资源保障。

(1) 应急管理计划[156,159,163]

应急管理计划又称应急预案,是针对可能发生的突发事件和重大事故,为保证迅速、有序、有效地开展应急与救援行动,降低干扰事件影响而预先制订的计划或方案。它是在辨识和评估潜在的突发事件发生可能性、发生过程、发生后果及影响严重程度的基础上,对应急机构与职责、人员、技术、装备、设备设施、物资、救援行动、指挥与协调等方面预先做出的具体安排。应急管理计划的合理性和完善性直接关系到地铁系统对于干扰事件的敏感程度,通过科学的应急计划能够提前制定好相应的策略和准备好相应的资源,员工能够明确面对干扰事件时的职责和任务,这样地铁系统才能够更加稳固,干扰事件带来的不利影响才会降到最低。

(2) 应急处置效率[163,168]

应急处置效率的高低直接关系到干扰事件给地铁系统造成的影响大小。通常而言,应急响应的效率越高,干扰事件所带来的影响就越小。在第一时间采取有效的处置措施,不仅能够控制事故的进一步蔓延,防止事故扩大化,而且能够减轻事故带来的负面效果。应急处置效率取决于很多因素,工作人员的经验、事故现场的状况、应急设备等都可能会影响应急响应的效率。

(3) 应急资源保障[156,160,163]

应急资源保障包含人力资源保障、应急设备保障、应急物资保障以及技术储备与保障等。人力资源保障就是要确保救援人员配备到位,救援人员由车站当班人员、车站应急救援队成员和其他人员组成。应急设备保障要求应急设备的配置必须齐全,如列车上应配备紧急报警装置、紧急开门装置、灭火器、逃生装置,车站内应该有火灾紧急报警器、自动扶梯紧停装置、紧急停车按钮、屏蔽门紧急开关等。只有在所有的应急资源得到了保障之后,应急响应才能做到效率最高。

2.4.2 地铁系统运行脆弱性形成机理分析

地铁运营事故可以视为MOV受到干扰事件和影响因素共同作用而被激发的过程,地铁系统的崩溃可视为MOV效应累积的结果。MOV的激发行为大致可以分为两类:一类是由于地铁系统内外脆弱性影响因素的作用,产生干扰事件并对地铁系统正常运行造成影响的激发过程,称为原发性激发路径(Original Path, OP),对应MOV数学描述中的结果②;另一类是由于干扰事件的连锁效应和子系统的连锁效应导致的其他干扰事件的生成和子系统遭受破坏的传递过程,称为继发性激发路径(Derivative Path,DP),对应于 MOV 数学描述中的结果③和④。这种原发性和继发性的激发路径被认为普遍同时存在于地铁运营过程之中,相对而言,原发性激发路径的形成机理较为复杂,成因比较难以明确,控制原发性激发路径的难度较大。而继发性激发路径就是干扰或者脆弱因子的传递路径,预防继发性激发路径的难度就小得多。

对地铁事故案例进行分析,有助于认知 MOV 的形成机理。以图 2-1 所示的上海地铁追尾事故为例,电工在进行地铁 10 号线新天地站电缆孔洞封堵作业时,UPS 输出端出现松动引发供电缺失,导致 10 号线新天地集中站信号失电,并造成 ATS 和 HMI 面板黑屏。很明显,干扰事件供电故障触发了另一干扰系统的信号故障,地铁运营由自动系统向人工控制系统转换,采用人工调度的方式大大降低了地铁系统的运行效率。随后,行车调度员在未准确定位故障区间内全部列车位置的情况下发布电话闭塞命令,并且车站值班员在未严格确认区间线路是否空闲的情况下,同意发车站的电话闭塞要求,最终导致 1005 号列车与 1016 号列车发生追尾碰撞。毫无疑问,人员、设备设施、应急、管理等子系统均存在一定程度的问题,地铁公司对员工培训不到位,对于刚刚修改完善发布的《上海地铁电话闭塞法行车规定(试行)》和《上海地铁 10 号线 CBTC 阶段行车管理办法(试行)》解读不够,认识不够深入,造成员工对安全技术特性的了解和掌握不够,应急处置能力存在明显不足。对于设备设施子系统,对其维护和隐患排查治理不到位,未建立风险评估机制,未制定落实隐患排查治理的规定,施工维护作业时,未制定运行时段的作业方案,未采取有针对性的防范措施。最后,管理子系统也有相当大的隐患,地铁公司执行规章制度不严,应急管理不到位。在这一事故中,运营公司未根据《上海地铁电话闭塞法行车规定(试行)》要求制定该公司相应岗位的具体操作细则;总调度所(COCC)在应急处置状态和实施电话闭塞行车的相关规定中,对调度环节中的复核、监控等要求未予明晰;对电话闭塞法、基于无线通信的列车控制系统(CBTC)等行车管理相关要求没有及时充实到应急预案中;地铁 10 号线运营部门未组织过信号中断状态下的针对性应急演练,以致操作人员在处置信号中断而引发突发事件时职责不清、处置失误。最终在干扰事件和影响因素的共同作用下,MOV 被激发,酿成追尾事故,直接导致 295 人受伤,造成了重大损失和恶劣影响。

由以上分析可以看出,上海地铁碰撞事故是 MOV 循继发性激发路径(DP)产生的,是多个干扰事件和影响因素共同耦合作用后的结果。MOV 系统在运行过程中存在以下影响地铁运行安全的脆弱因素:人员业务水平不过关、执行不到位、安全意识淡薄、规章制度不健全、缺乏教育培训、应急处置能力差等。这些因素在干扰事件供电故障、信号故障、错误操作的共同作用下,最终导致 MOV 的激发,酿成上海地铁的碰撞事故,具体过程如图 2-8 所示。

地铁系统运行的脆弱性影响因素在干扰出现之前就客观存在,而这些脆弱源在地铁日常运行过程中并没有造成 MOV 被激发,导致地铁事故,主要是因为地铁系统自身具有处理和脱离异常状态的能力。只有当系统的脆弱值累积量超过一定的阈值,系统自身无法自行消化后,MOV 才会被激发导致事故的出现。由此可见,地铁系统的脆弱性并不是一成不变的,而是随着地铁干扰源和脆弱性影响因素不断变化的。地铁干扰源和脆弱因素越多,作用力度越大,地铁系统将会有越多的缺陷与漏洞被激发,地铁运行就会变得越脆弱。为了更好地阐明这一过程,现假设地铁系统自身存在 4 处缺陷或漏洞,分别为 a、b、c、d,在干扰事件和影响因素的作用下,若干漏洞被激发,形成地铁运行事故,则 OP 和 DP 激发路径下 MOV

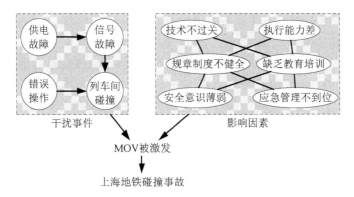

图 2-8　上海地铁碰撞事故分析

的动态变化情况分别如图 2-9 和图 2-10 所示,地铁系统 MOV 激发的全过程可以分为四个阶段,分别为潜伏期、引发期、发展期和爆发期,其中□表示系统尚未被影响的部分,■表示系统已经被影响的部分。

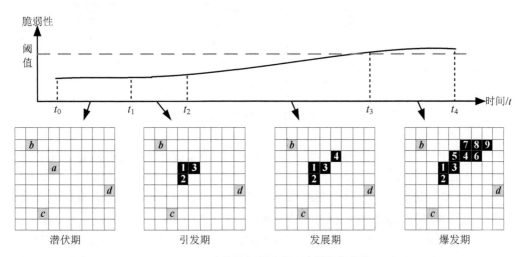

图 2-9　OP 情境下的 MOV 动态变化曲线

图 2-9 描述了单个缺陷 a 沿 OP 路径被激发的全过程,在潜伏期内($t_0 \sim t_1$),由于没有干扰的影响和外界的作用,MOV 并没有很大的波动,处于相对平稳的状态;在引发期内($t_1 \sim t_2$),干扰和影响因素开始作用于地铁系统,导致系统缺陷 a 被激发,MOV 开始缓慢上升,上升速率较小;在发展期内($t_2 \sim t_3$),该干扰和影响因素作用的范围越来越广,但并没有波及系统中原先存在的三处缺陷 b、c、d,虽然 MOV 的上升速率有所提升,但尚未增长超过 MOV 的激发阈值;到了 t_3 时刻,虽然此时系统缺陷 b、c、d 尚未被激发,但 MOV 超过阈值,超过地铁系统自身的承载能力,地铁事故因此出现。可见,MOV 在 OP 激发路径下的演变过程中一直处于上升的状态。

图 2-10 描述了缺陷 a 和 b 以 DP 方式激发 MOV 的全过程,在潜伏期内($t'_0 \sim t'_1$),地铁系统未受到干扰,MOV 并没有很大的波动,处于相对平稳的状态;在引发期内($t'_1 \sim t'_2$),干扰和影响因素开始作用于地铁系统,系统缺陷 a 被激发,MOV 开始缓慢上升,上升速率较小;在发展期内($t'_2 \sim t'_3$),干扰和影响因素的作用范围不断扩大,在 T 时刻波及系统缺陷 b,

导致系统缺陷 b 被激发,此时由于系统间的强耦合效应,MOV 将快速上升,上升速率显著增大;到了 t'_3 时刻,MOV 进入爆发期($t'_3 \sim t'_4$),MOV 超过地铁系统自身的承载力,形成地铁事故。对比 OP 和 DP 方式下 MOV 的激发过程,如果地铁系统自身的承载力一定,即系统具有固定的脆弱性激发阈值,DP 方式将更容易激发 MOV,不仅激发所需时间更短,即 $t'_3 < t_3$,并且 MOV 上升的速度更快,波及的范围更大,这也就意味着 DP 方式会给地铁系统运行带来更为沉重的打击,产生更为严重的后果。

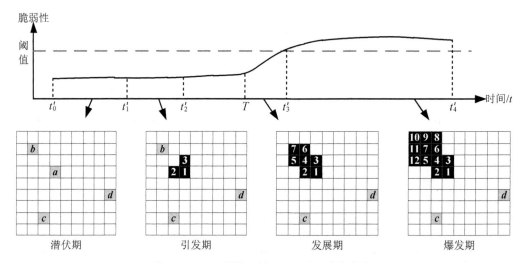

图 2-10 DP 情境下的 MOV 动态变化曲线

DP 方式下 MOV 在 T 时刻的快速上升主要源于系统间的强耦合效应。耦合(Coupling)是指两个(或两个以上)的系统通过交互胁迫而演化形成新的复合系统的过程[169]。系统间的耦合效应按耦合强度可划分为纯耦合效应、弱耦合效应和强耦合效应。如果系统的发展趋势在耦合前与耦合后没有产生变化,则为纯耦合效应;如果系统在耦合后的发展趋势与耦合前的趋势大相径庭,则为弱耦合效应;如果系统在耦合后的发展趋势得以显著增强,则为强耦合效应。对于像地铁这样的复杂系统,系统间的耦合作用必然是强耦合作用,因此,经 MOV_a、MOV_b 融合汇聚形成的 MOV_s,其变化趋势不是 MOV_a、MOV_b 简单的线性叠加,其变化趋势会得到大幅度加强,如图 2-11 所示。

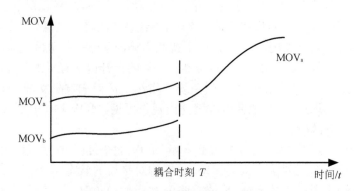

图 2-11 MOV 激发路径的耦合效应

综合上述分析，地铁在运营过程中必定会面临着各种各样的干扰，详细的干扰源分类参见第 3 章，这些干扰可能来源于系统外部环境，也有可能来源于系统的内部缺陷，单一的干扰事件会因为地铁系统的空间、物理和功能特性触发更多的衍生和次生干扰事件，进而形成复杂的干扰事件网络。这些干扰源和地铁运行脆弱因素将会共同作用于地铁系统，而地铁系统由于组成结构复杂，涵盖的子系统众多，如信号、通信、监控、轨道、车辆、供电、通风、机电等系统，加上这些子系统之间存在复杂的非线性关联性，其自身承载力有限。当系统脆弱性超过系统承载力时，地铁系统将难以应对这些干扰和脆弱因素，其结构和运行功能容易发生改变，运营出现不稳定状态，运行性能下降，最终导致地铁事故的出现，这就是地铁系统运行脆弱性的形成机理，具体如图 2-12 所示。

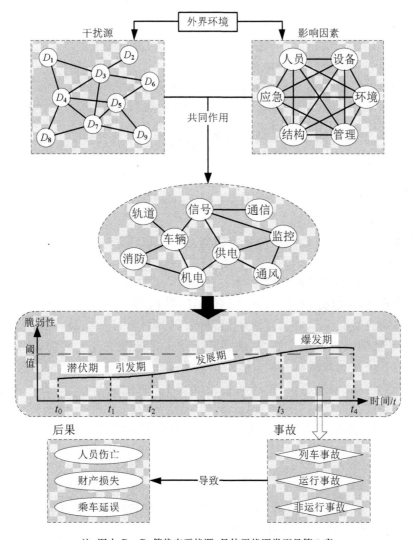

注：图中 D_1、D_2 等代表干扰源，具体干扰源类型见第 3 章。

图 2-12　MOV 形成机理

2.4.3 基于熵增原理对地铁系统运行脆弱性的进一步诠释

系统的结构往往是决定系统稳定性及其续航能力强弱的关键因素,由 MOV 的定义可知,MOV 激发过程中,系统的结构必然会出现变化,进而导致系统的稳定性变差,系统的有序结构被破坏,无序程度增加。熵作为衡量系统有序无序程度的一个重要的物理量,能够很好地描述这一过程。因此,为进一步认识和揭示 MOV 特征及其演化机制,本节应用熵和耗散结构理论来揭示 MOV 激发过程中系统的行为特征,帮助理解和把握系统状态演化的整个运动过程,为进一步确定 MOV 的研究范围和内容提供依据。

2.4.3.1 熵增原理概述

"熵"(Entropy)一词源自希腊语,在物理学中用来表示热力学系统的某种状态函数,是一种测量在动力学方面不能做功的能量总数,也就是当总体的熵增加,其做功能力也下降,熵的量度正是能量退化的指标。熵也被用于计算一个系统中的失序现象,也就是计算该系统混乱的程度。

1865 年,德国物理学家克劳休斯(Clausius)在热力学研究中发现,在可逆过程中,系统从初态 p_0 经过一系列状态到达末态 p,令 dQ 为可逆过程中热源传给物体的微元热量,T 为绝对热力学温标,则积分 $\int \dfrac{dQ}{T}$ 与所经过的路径无关,只与系统的初态 p_0 和末态 p 相关,于是他引入态函数熵 S,使之满足:

$$\Delta S = S_p - S_{p_0} = \int_{p_0}^{p} \dfrac{dQ}{T} \qquad (2-2)$$

系统任意两个状态间熵的变化就等于系统吸收(释放)的热量与热源温度之比。由此可知,热力学系统从一个平衡态到另一个平衡态的过程中,其熵永不减少;若过程可逆,则熵不变;若不可逆,则熵增加,这就是熵增原理。

通过熵增原理,可以得到对于一个孤立系统,其内部自发进行的与热相关的过程必然向熵增的方向进行。而孤立的系统不受外界任何影响,且系统最终处于平衡态,则在平衡态时,系统的熵取最大值。然而,现实生活中的系统往往是开放的,比如地铁系统,它必然与外界环境存在着源源不断的输入和输出,是一个远离热力学平衡状态的开放系统,此系统和外界环境交换能量、物质和熵而继续维持平衡,这样一种远离平衡态、具有动态均衡性的系统也被称为耗散系统(Dissipative System)。1969 年比利时科学家普利高津(I.Prigogine)对于这样的耗散系统提出了耗散结构理论,认为一开放系统的熵变化可以表示如下:

$$dS = dS_i + dS_e \qquad (2-3)$$

式中:dS 表示系统的熵变化;dS_i 指系统由于不可逆过程而产生的内部熵;dS_e 指系统与外界交换物质和能量所引起的熵,也称为外界引入的负熵。

由热力学第二定律,因自发过程是不可逆的,故 $dS_i \geqslant 0$,而 dS_e 可正可负,也可以为零。因此,系统将会出现以下几种状况:

(1) 若 $dS_e > 0$,则 $dS = dS_i + dS_e > 0$,系统从外界吸收的熵为正,总熵增加,说明系统的有序度降低,处于退化状态,极易导致系统的瓦解和崩溃。

(2) 若 $dS_e=0$,则 $dS=dS_i+dS_e\geqslant 0$,系统没有从外界吸收负熵来抵消系统的熵增,系统的混乱度会不断增加,最终走向衰退。

(3) 若 $dS_e<0$,$|dS_e|<|dS_i|$,则 $dS=dS_i+dS_e>0$,系统虽然从外界吸收了一定的负熵,但还不足以抵消系统自发产生的熵,系统有序度会逐渐降低。

(4) 若 $dS_e<0$,$|dS_e|=|dS_i|$,则 $dS=dS_i+dS_e=0$,系统尽管受到扰动,但同时从外界吸收了等量的负熵,总熵没有变化,系统的有序度基本不变,处于平衡状态。

(5) 若 $dS_e<0$,$|dS_e|>|dS_i|$,则 $dS=dS_i+dS_e<0$,系统从外界环境中获得了足够的负熵,不仅抵消了系统内部的熵增,而且使系统朝着更有序的方向进化。

2.4.3.2 地铁系统运行脆弱性激发过程中系统状态的熵解释

将维持系统有序运转的物质、能量和信息称为熵减因子,破坏系统有序运转的物质、能量和信息归为熵增因子。那么对于地铁系统而言,被激发的系统内在缺陷则属于熵增因子,修复缺陷的行为和措施则属于熵减因子。MOV被激发其实质是地铁系统从有序到无序的过程,而 MOV 激发后系统的响应则是从无序回归有序的过程[170],这两段过程中系统的状态变化如图 2-13 所示。

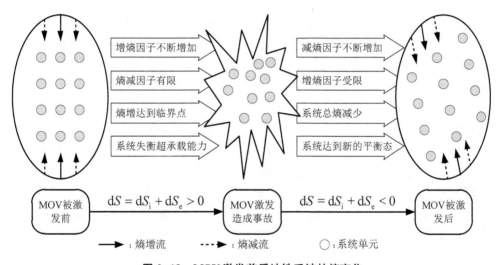

图 2-13 MOV 激发前后地铁系统的熵变化

地铁系统脆弱性被激发造成事故的过程中,被地铁系统的干扰源和影响因素作用而产生的系统漏洞(Drawback, D)是使得系统熵增的主要原因,而系统自身的承受和恢复能力(Capability, C)是系统熵减的主要驱动力。借助数学描述,可以明晰地铁系统的熵增过程。假定 t 时刻地铁系统的熵值为 S_t,熵增因子为 sz,熵减因子为 sj,系统熵增速率 v_z 为系统干扰和熵增因子的函数,系统熵减速率 v_j 为系统承载力和熵减因子的函数,具体函数式如下所示:

$$v_z=f(D,sz) \tag{2-4}$$

$$v_j=g(C,sj) \tag{2-5}$$

$$S_t=S_{t_0}+\int_{t_0}^{t}(v_z-v_j)dt \tag{2-6}$$

当 $\frac{\partial S_t}{\partial t}=0$，即 $v_z=v_j$ 时，对应于 MOV 激发之前的阶段。此时系统的熵增速率与熵减速率相当，熵增因子与熵减因子虽同时存在，但彼此约束、互相平衡，在两者的共同作用下，地铁系统各单元处于有序稳定的平衡状态。也就是说，地铁系统虽然存有缺陷，但这些缺陷要么尚未被激发，要么缺陷被激发后影响很小，能够被系统自身消化吸收，因此地铁系统能够实现平稳运行。

当 $\frac{\partial S_t}{\partial t}>0$，即 $v_z>v_j$ 时，对应于 MOV 被激发的阶段。当地铁系统受干扰影响后，其局部有序度被打乱，熵增因子不断增多，而与此同时熵减因子并没有随之增多，相反熵增因子数量的增多一定程度上压制熵减因子的存在，即系统的承载力因干扰和影响因素作用呈现下滑趋势。系统的无序程度将被不断地放大，导致系统熵值越来越高。随着时间的不断推移，当系统熵值超过临界点，脆弱性超过了系统自身的承载能力，系统会因此而崩溃。

当 $\frac{\partial S_t}{\partial t}<0$，即 $v_z<v_j$，对应于 MOV 激发之后的阶段。地铁系统的熵值到达最大值后，系统的混乱程度超出自身的承载能力，无法恢复到原来的平衡状态，此时，需要外界的协助来提升其承载能力，通过采取相应的干预措施，比如对地铁系统的修复、查找潜在漏洞、对系统加固等，在抑制增熵因子的同时吸收更多的负熵因子，进而使得地铁系统总熵减少，进入新的平衡状态。

由此可见，地铁系统因其脆弱性被激发会逐渐从有序向无序过渡，要想维持一个稳定有序的运行状态，应形成一个良好的耗散结构，尽量控制和减少熵增因子，强化和创造熵减因子，通过引入负熵流来抵消系统的熵增效应。地铁系统的熵变化曲线与脆弱性的波动曲线大致保持一致，其中熵增因子的增长速率和熵增因子的量与系统面临的干扰以及 MOV 被激发的路径有关，很明显，DP 情境下的熵增速率与熵增量都要明显高于 OP 情境。因此，研究 MOV 首先就要认知地铁系统会面临哪些干扰，干扰源有何特性，着重研究干扰之间的关联性和级联效应。熵减因子的增长速率和熵减因子量与地铁系统自身的承载能力有关，是地铁系统自身脆弱性的一种体现。熵减因子与熵增因子间并没有明显的界限，它们是同一因子朝不同方向发展的结果，都是影响地铁系统运行的脆弱因素。以人员的行为而言，人员的错误操作对于地铁系统运行而言就是一种熵增因子，它打乱系统的内部秩序，而人员的正确操作则是一种熵减因子，它能够使紊乱的系统重新回归平衡。再比如，对地铁系统的安全投入，安全投入不足是一种熵增因子，而加大安全投入则是熵减因子。因此，研究 MOV 还需要明确这些脆弱因素对地铁系统的作用机理，量化脆弱因素给地铁运行带来的影响，模拟在脆弱因素作用下地铁系统的变化情况。

2.5 本章小结

地铁作为现代人出行不可缺少的公共交通工具，其正常稳定的运行直接影响着现代社会的运转，是现代生活不可缺少的一部分。要提高地铁系统的运行安全，不仅要着重减少所有者、设计者和操作员运行系统时犯下的错误，更要关注系统自身的属性，即地铁运行脆弱性。本章首先介绍了地铁系统及其运行特性,综合目前国内外脆弱性的相关研究,给出了脆弱性的定义,并对该定义进行了数学描述。然后通过地铁事故描述了地铁系统运行脆弱性的形成机理。最后通过熵增理论对形成机理进行了深度解析,为后续章节的研究内容提供理论基础。

3 基于 CNT 的地铁系统运行干扰源特性研究

由 MOV 的内涵和形成机理可知,地铁系统运行具有较强脆弱性的原因之一就是其在运营过程中会面临各种各样的干扰,深入剖析复杂多变的干扰源能够有效降低地铁的运营风险,提升地铁的运行安全水平。本章以收集的地铁事故为基础,首先归纳和整理了地铁系统运行干扰源的类型,然后通过事件链明确干扰事件之间的联系,以此构建了地铁运营干扰事件网络,借助复杂网络理论中的密度网络、度、度分布、平均路径长度以及聚类系数等统计指标,分析了地铁运营干扰事件网络的静态特性,并考察了它是否具有小世界和无标度等现实网络特征。引入中心性理论用于寻找网络的中心节点,网络效率参数表征网络变化的程度,选取不同动态仿真策略,观察地铁运营干扰事件网络的动态特性,探讨降低网络传播效率、提升地铁系统运行安全水平的最佳方式。

3.1 复杂网络基本理论概述

网络分析方法作为一种全新的分析范式,将直接与间接、个体与群体、位置与情景、微观与宏观等等系统要素通过网络结构及关系形式展现出来,实现对系统的完美抽象,可以用来研究个体之间的关系以及它们相互作用所产生的系统的整体性质与集体行为。最早通过网络研究复杂系统的是社会学家,主要关注人群关系网络,侧重点是考察一个个体对于整个系统的贡献,强调的是网络中个别节点的作用[171]。后来,网络分析方法被广泛应用于其他各个领域,如自然科学、生物学、工程界等等,视角也逐渐转向网络的整体特性,通过网络分析方法可以深入揭示隐藏在自然界、生物界、工程界和人类社会界中大量复杂系统中的共同规律。这些一般性的规律对于把握系统的宏观特征,调节复杂系统中的动力学行为具有重要意义。

复杂网络作为对复杂系统非常一般的抽象和描述方式,为研究复杂系统提供了一种新的研究视角和手段,突出强调了系统结构的拓扑特性,侧重于考察复杂系统的整体特性。Abe 等人研究了地震网络[172],将所考察的地理区域分为若干个小方格,发生过地震的小方格就是网络节点,对于任意两次时间上相继发生的地震,认为它们之间存在联系,相应节点连上边所得到的地震网络是节点数和边数随时间不断增长的无标度网络。Montoya 和 Solé 对三种不同类型的食物链网络进行了研究[173],发现其中节点的度值服从幂率分布。Jiang 和 Claramunt 通过把城市街道按照邮政编码进行划分和拓扑构造[174],以实例说明了街道网络具有小世界网络的特征。Lämmer 等人对德国的二十几个大城市道路网络拓扑特性进行了统计分析[175],发现车流分布具有幂律特征,进而说明了道路分级的特性。可以看出,结构和功能是复杂网络研究的两个核心问题,结构和功能并非相互独立,而是存在本质的相互联系。通常复杂网络的结构影响功能,但是功能反过来也可能影响网络结构的演化。网络结构特性可通过统计规律来刻画,功能通常可以由网络上的动力学过程来反映。

在网络理论的研究中,复杂网络的研究有很多种,一直没有一个精确、严格的定义。简单来说,复杂网络是由数量巨大的节点和节点之间错综复杂的关系共同构成的网络结构,其中,网络的节点(Node 或 Vertex)对应每一个个体,连接节点的边(Link 或 Edge)对应个体之间的联系或相互作用。用数学的语言描述,就是一个有着足够复杂的拓扑结构特征的图。

3.1.1 复杂网络的基本统计指标

一个具体的网络通常用点集 V 和边集 E 组成的图 $G=(V,E)$ 表示,节点数记为 $N=|V|$,边数记为 $M=|E|$,E 中每条边都有 V 中的一对点与之相对应。图 G 的邻接矩阵记为 $\mathbf{A}_{n\times n}=(a_{ij})$,用来 A 表示各节点之间相互连接的关系,当且仅当节点 i 和 j 相连接,则矩阵中的元素 a_{ij} 为 1,否则 a_{ij} 为 0。不同的网络内部结构意味着网络中节点及其连接之间的性质不同,而这些性质差异直接导致了系统呈现出来的整体功能有所差异。刻画网络结构特性的统计指标和度量方法有很多,在此,本书不对所有的指标进行一一详述,只介绍四个经常被使用且重要的基本特征参量,包括网络密度、度和度分布、平均路径长度和聚类系数。

1) 网络密度(Network Density)

网络密度是实际存在的连线数量占最大可能连线数的比例,它反映了网络中各点之间的邻接程度,能够在一定程度上表征网络中关系的数量和复杂程度。对于一个有 N 个节点 M 条边的有向网络,它最少有 0 条边,最多有 $N(N-1)$ 条边,网络密度则由式(3-1)计算而得。很明显,$0 \leqslant D \leqslant 1$,当 $D=1$ 时,网络为稠密网络;当 $D \ll 1$ 时,对应的网络是稀疏网络。

$$D = \frac{M}{N(N-1)} \tag{3-1}$$

2) 度及度分布(Degree and Degree Distribution)

一个节点拥有的连线数目称为该节点的度(Degree),记为 k_i。作为一个描述网络局部特征的统计量,节点的度等于与该节点有连接关系的路径数目,反映该节点对于网络中其他节点的直接影响力,是刻画和衡量一个节点特性的最简单同时也是最重要的概念。一个节点的度越大,其与周围的连接就越多,在局部范围内的影响力就越大,相应地,它在整个网络中的重要性就越高。对于有向网络,由于节点连接方向的不同,节点的度可以分为出度(Out-degree)和入度(In-degree)。节点的出度是指从该节点指向其他节点的边的数目,如式(3-2)所示,节点的入度是指从其他节点指向该节点的边的数目,如式(3-3)所示,而节点的总度 $k_i = k_i^{\text{out}} + k_i^{\text{in}}$。网络中所有节点 i 的度 k_i 的平均值称为网络的平均度,记为 $\langle k \rangle$。

$$k_i^{\text{out}} = \sum_{j=1}^{N} a_{ij} \tag{3-2}$$

$$k_i^{\text{in}} = \sum_{j=1}^{N} a_{ji} \tag{3-3}$$

网络中不是所有节点都具有相同的度,通常用度分布函数(Degree Distribution)来描述网络中节点的度分布情况。度分布函数 $p(k)$ 是指随机从网络中抽取一个顶点时,与该顶点相连的节点数为 k 的概率分布。度分布是对一个网络中节点度数的总体描述,能够一定程度上反映出网络的增长模式和机制。作为对网络类型进行划分的首要依据,它表示在网络中任意选取一个点其度值为 k 的概率也等于网络中度数为 k 的节点在整个网络中所占的比例。对于规模较小的网络,其度分布中时常存在噪音,尤其表现在其分布函数尾部缺乏度值较高的节点,统计特征不够明显,因此为了减少统计错误的发生,实践过程中通常采用累积分布函数(Cumulative Degree Distribution)来描述节点度分布情况,可以由式(3-4)表示。以横坐标表示节点的度 k,纵坐标表示 $p(k)$,所绘制的曲线即为网络节点的累积度分布图。

$$p(k) = \sum_{k'=k}^{\infty} p(k') \tag{3-4}$$

3) 平均路径长度(Average Path Length)

网络中任意两个节点 i 和 j 之间最短路径上边的数量称为两点之间的距离或路径长度 d_{ij},相应地,所有节点对之间路径长度的平均值就是网络的平均路径长度(Average Path Length),记为 L,计算公式如式(3-5)所示。虽然从源节点到目的节点的最短路径可能不是唯一的,但所要经历的最小路段数却是唯一的。作为度量网络信息或物质传递效率的指标,平均路径长度描述了网络中节点间的分散程度,即网络有多小,反映出复杂网络的连通程度。一般而言,平均路径短的网络,其传输性和传播效率相对较高。此外,网络中任意两点之间路径长度的最大值被称为网络直径(Network Diameter)。

$$L = \frac{1}{N(N-1)} \sum_{i,j \in V(i \neq j)} d_{ij} \tag{3-5}$$

4) 聚类系数(Cluster Coefficient)

节点的聚类系数(Cluster Coefficient)定义为实际与节点相连的边的总数与可能与节点相连的边的总数之比,它描述了节点的邻接节点之间的相互连接程度,反映了复杂网络内在的聚集程度,即网络有多密集。对于有向网络中节点 i,其度值为 k_i,说明该点有 k_i 个邻居节点,在这 k_i 个邻居节点之间最多可能存在 $k_i(k_i-1)/2$ 条边,记这 k_i 个节点之间实际存在的边数为 M_i,那么节点 i 的聚类系数 C_i 可由式(3-6)计算而得。整个网络的聚类系数 C 就是所有节点的聚类系数的算术平均数。显然,C 和 C_i 的值在 0 到 1 之间。特别地,当所有的节点均为孤立点,即没有任何连接边时,$C=0$;当所有节点全部连通,任意两点之间都直接相连,网络为全局耦合网络时,$C=1$。

$$C_i = \frac{2M_i}{k_i(k_i-1)} \tag{3-6}$$

基于上述基本统计特征指标,可以对给定的网络进行形态划分,规则网络(Regular Network)中节点之间的平均路径长度长,但聚类系数高;随机网络(Random Network)具有较小的平均路径长度,但聚类系数较低。然而随着研究的深入,人们发现实际的复杂网络结构并不是完全规则的,也不是完全随机的,这两类网络模型并没有反映真实网络的一些重要特征。因此,1998年6月美国康奈尔(Cornell)大学理论和应用力学系的博士生 Watts 及其导师、非线性动力学专家 Strogatz 教授在 Nature 杂志上发表的题为《"小世界"网络的集体动力学》(Collective Dynamics of "Small-World Network")[176]的文章,引入了一个小世界模型,该模型也被称为 WS 小世界模型。随后,1999年10月美国圣母(Notre Dame)大学物理系的 Barabási 教授及其博士生 Albert 在 Science 杂志上发表了题为《随机网络中标度的涌现》(Emergence of Scaling in Random Networks)[177]一文,提出了复杂网络的无标度特征,其对应的模型也被称为 BA 无标度模型。这两篇文章通过揭示复杂网络的小世界特征和无标度性质并建立相应的模型以阐述这些特性的产生机理,正式开启了复杂网络研究的新纪元。

小世界网络可以看作是完全规则网络向完全随机网络的过渡,网络中大部分的节点彼此并不相连,但绝大部分节点之间经过少数几步就可到达。小世界网络具有两个基本特性:较短的平均路径长度和较高的聚类系数。小世界特性和网络中的信息传播有着密切的联系,在小世界网络中,信息传递速度快,并且改变少量几个连接就极有可能显著地改变网络的性能。此外,小世界网络由于具有较高的聚类系数,因此其拓扑结构中将不可避免地出现许多团以及连接相对较少的节点群。

无标度网络除了具备小世界网络高聚类系数和小的平均路径长度之外,其度分布呈现集散分布形式,大部分节点只有比较少的连接,而少数节点有大量连接。不同于随机网络的度分布属于正态分布,无标度网络的度分布符合幂律分布,由于其缺乏一个描述问题的特征尺度,因此被称为无标度网络。对于无标度网络而言,由于它不仅具备小世界网络的特性,还有聚类性和网络弹性,因此其复杂性程度高于小世界网络。聚类性指的是网络中会包含许多簇或圈,并且每个簇或圈内都有相当高的连线密度,但是在簇与簇(圈与圈)之间的连线密度会比较低。网络弹性是指去掉一个或多个点给网络有效性带来的变化。一般而言,无标度网络都具有较高的网络弹性,但它对于网络枢纽节点的蓄意攻击和协同式破坏却难以抵抗,网络效率会大大降低。

3.1.2 复杂网络节点中心性指标

复杂网络的基本统计指标能够描述网络的静态拓扑特性,而对复杂网络进行动态分析,则一般通过改变网络中的节点或边考察网络结构和网络特征的变化予以实现,其中选取的节点一般都是网络的中心节点。描述网络节点中心性的指标有很多,本书选取了大多数网络中心性研究和分析中常用的指标,主要包括度指标、紧密性指标和介数指标。

1) 度中心性指标(Degree Centrality)

作为描述在静态网络中节点所产生的直接影响力的基本参数,节点的度已经在前面进行了描述。在网络的中心性分析中,度最大的节点被认为是网络的中心,为了根据度指标来比较不同规模网络中节点的中心性,需要对度指标进行归一化处理。显然,具有 n 个节点的网络中,度最大值不会超过 $n-1$,因此标准化的度指标定义为:

$$C_D(i) = \frac{k_i}{n-1} \tag{3-7}$$

2) 紧密度中心性指标(Closeness Centrality)

节点的紧密度定义为该节点到达所有其他节点的路径长度之和的倒数,计算公式如式

(3-8)，它刻画了网络中的节点通过网络到达网络中其他节点的难易程度。如果节点与其他节点间的路径长度都很短，则称该节点具有较高的紧密中心度。在有向网络中，距离是根据具有相同方向的各条边来测定的，因此有向网络可分为内紧密度(In-closeness)和外紧密度(Out-closeness)。内紧密度根据输入其他结点到选定结点的距离判断每一节点的居中性，外紧密度则根据选定结点到其他所有结点的距离判断每一节点的居中性。

$$C_i = \left[\sum_{j=1}^{n} d_{ij}\right]^{-1} \tag{3-8}$$

与度指标一样，为具有对比性，需对紧密度进行归一化处理，在具有 n 个节点的网络中，节点到达所有其他节点的距离之和不会小于 $n-1$，因此归一化的紧密度指标为：

$$C_C(i) = \frac{\left[\sum_{j=1}^{n} d_{ij}\right]^{-1}}{n-1} \tag{3-9}$$

对比度指标和紧密度指标，度指标反映了一个节点对于其他节点的直接影响力，而紧密度指标反映了节点通过网络对其他节点施加影响的能力，因此紧密度指标更能反映网络全局的结构。

3) 介数中心性指标(Betweenness Centrality)

网络模型中，衡量通过某节点最短路径数目的指标称为点的介数指标，也称为间距中心度。该指标从最短路径的角度刻画了网络中节点对信息流动的影响力，描绘出节点在网络中的作用和重要程度。节点的介数越大，说明该节点越处于网络间距中心位置，是网络中重要的桥梁，起到"中介"的作用。节点的枢纽性质越强，删除这样的节点越会使大量的节点对之间的最短路径变长。记节点 s 和节点 t 之间最短路径的数量为 $g(s,t)$，其中经过节点 i 的最短路径条数为 $g_i(s,t)$，则节点 i 的介数 B_i 可表示为式(3-10)。类似于节点介数，边介数则刻画了信息流经给定边的可能性，其定义与节点介数类似。任一节点或边的介数指标会随着经过该节点或边的信息流的增大而增大，因此利用该指标可以确定信息负载繁重的网络节点或边，具有很强的现实意义。

$$B_i = \sum_{s \neq i \neq t} \frac{g_i(s,t)}{g(s,t)} \tag{3-10}$$

注意到在具有 n 个节点的网络中，对于给定的节点 i，最为极端的情形是任意两个其他节点之间的最短路径均经过节点 i，此时该节点的介数指标达到最大值 $(n-1)(n-2)$。因此，归一化的介数指标可以定义为：

$$C_B(i) = \frac{\sum_{s \neq i \neq t} \frac{g_i(s,t)}{g(s,t)}}{(n-1)(n-2)} \tag{3-11}$$

紧密中心度和间距中心度反映的都是节点在网络信息、沟通和传播中的作用，有时候会接近一致。但前者反映的是信息通过节点到达其他节点的难易程度，表达的是节点的控制力，而后者则反映的是信息流通时对结点的依赖性，刻画的是节点的不受控制的能力。

3.2 地铁运营干扰事件网络形成过程

3.2.1 地铁运营事故基本统计分析

MOV 的激发是地铁运营干扰事件和系统自身承载力不足共同作用的结果。地铁运营事故作为 MOV 激发的结果,是对地铁干扰源进行研究的有效途径。本课题通过文献调研、走访地铁公司、阅读政府和企业报告以及检索媒体等方式,共收集到从 2006 年 1 月到 2015 年 12 月 10 年间的 268 起地铁运营事故案例,其中绝大多数案例来自中国,约占总案例的 69.78%(187 个),剩余的 81 起案例来自美国、英国、日本、韩国等国家。收集到的地铁运营案例服从海因里希冰山模型[178],如图 3-1 所示。

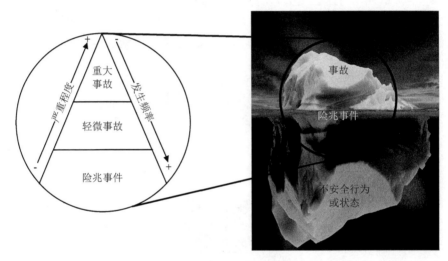

图 3-1 海因里希冰山模型

获得的大多数地铁运营事故为险兆事件共 173 起,这些险兆事件未导致严重后果,或及时得到纠正,未造成严重影响,轻微事故的数量比险兆事件少,为 67 起,重大事故最少,为 28 起。无论是险兆事件、轻微事故还是重大事故,在它们背后都有着数量众多的不安全行为或状态,隐藏着许多干扰事件。因此可以通过这些运营事故找到干扰事件和 MOV 的影响因素,明确干扰事件间的关系,掌握 MOV 影响因素是如何作用于地铁运营的,获得 MOV 对于地铁系统运行安全的作用机制。

通过对收集的案例整理与分析,地铁事故发生地可以分为三类:车站、区间和车辆段,其中车辆段为地铁列车入库、出库的场地,一般不载有乘客。图 3-2 中给出了事故发生在车站、区间和车辆段的比例,发生在地铁车站的事故数量最多,发生在区间的其次,零星的几个事故发生在车辆段。这说明地铁车站是地铁事故的高发地,在这里地铁运营不仅会面临着设备设施之间的交互作用,还会出现乘客不安全行为引发的各种状况,比如乘客被车门夹住,随身物品被车门夹住,乘客之间发生冲突,侵入轨道区等。因此,相比于地铁区间,地铁车站是 MOV 更容易被激发的区域。

图 3-3 显示的是地铁事故发生的时间分布特征,很明显高峰时段发生的地铁事故数量

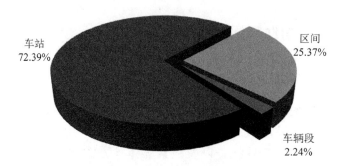

图 3-2 事故发生地点分布图

要远远高于非高峰时段,而高峰时段中,事故发生于早高峰时段的数量略多于晚高峰时段。早晚高峰期间,地铁列车行车密度大,设备设施均高负荷运转,客流量大,乘客都着急赶时间上班下班,极易出现不安全行为,对地铁运营造成干扰。而这些干扰由于地铁系统缺乏松弛空间,无法在短时间内被消化和吸收,干扰不断演变,最终造成地铁运营事故。

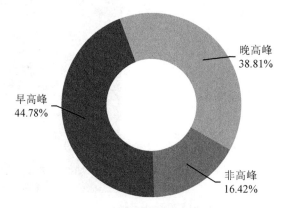

图 3-3 事故发生时间分布图

地铁运行的复杂特性导致 MOV 引起的地铁运营事故的类型也具有多样性,目前对于地铁事故的分类还并不统一。美国联邦公共交通管理局(Federal Transit Administration, FTA)颁布的城市轨道交通安全报告[179]中将地铁事故类型分为五类:①碰撞,包括列车与列车、列车与物体和列车与人员(不含自杀等)的碰撞;②平交路口碰撞,包括与公交车、人员或其他车辆;③脱轨,即所有正线脱轨;④火灾,一般包括造成 25 000 美元以上的财产损失,或进行了车辆(或)站台的人员疏散;⑤其他,包括自杀、非法进入轨道区间发生死亡、杀人事件、非火灾进行的疏散、其他死亡或多人受伤事故。

英国铁路安全标准委员会(Rail Safety and Standards Board, RSSB)规定任何城市轨道交通从业机构向铁路条例办公室(Office of Rail Regulation, ORR)提交年度安全报告。在该报告中[180],地铁事故根据伤亡发生系统所处的位置和状态分为三类:行车事故(Train Accidents),包括撞车、脱轨、撞上机动车等;移动中的事故(Movement Accidents),包括移动中的人或列车发生的事故,如人掉(被推、撞)下站台、在轨道上行走被撞、掉下车厢、自杀或企图自杀等;非移动中的事故(Non-movement Accidents),包括不动的设备设施上发生的故障,如滑倒、摔倒、从轨道设施上跌落、触电、自杀或企图自杀等。英国伦敦地铁公司(London Underground Limited,LUL)在研究报告[181]中归纳整理出了更为详细的地铁运营事故分类,如表3-1所示。

表3-1 地铁运营事故的分类

事故类型	具体类型的描述
列车与物之间碰撞	列车与露天轨道上的物体相碰撞、列车与隧道内的物体相碰撞、列车与终端相撞、列车与站台碰撞
列车之间的碰撞	列车迎面冲撞、列车快速碰撞、列车中速碰撞、列车慢速碰撞、多列车之间的碰撞
出轨	结构损坏引起的出轨、轨道问题引起的出轨、信号设备相关的出轨、车辆相关的出轨、速度相关的出轨
火灾	自动扶梯起火、电梯起火、站台火灾、列车火灾、隧道火灾
站台和列车的交界	从站台上摔落、列车门的错误打开、列车撞击站台上的乘客、在列车和站台之间摔倒、乘客被站台门和列车门所夹、列车沿着站台拖拽乘客
电力故障	电弧、列车设备的电力故障、站台的电力故障
站台区的事故	拥挤、自动扶梯上摔倒、楼梯上摔倒、电梯受困、自动扶梯踏板的损坏、路面上的滑倒、绊倒和摔倒
其他	水灾、结构损坏、通风问题

从上表可以看出对于地铁事故的分类主观性较强,不同类型之间的差异性相对较小,因此本书并未对地铁事故的类型进行归类整理,只是尽可能地记录全每个事故的发生过程和信息。从大致的统计来看,火灾、碰撞、出轨和站台区事故较多,MOV被激发后较大概率会出现这些地铁事故,这些事故给地铁运营带来的影响也较大。虽然地铁事故类型众多,但是每个地铁事故中可能出现的干扰事件却是有限的,有很多干扰事件出现在多起地铁事故中,而且这些干扰事件不是单独出现的,干扰事件之间存在相互影响的逻辑关系。换句话说,单一干扰事件会触发其他干扰事件的出现,最终一系列干扰事件共同作用于地铁系统,激发MOV并导致了地铁事故的发生,不同的干扰事件会给地铁系统带来不一样的影响。

3.2.2 地铁运营干扰事件主要类型

为了对干扰事件有全面系统的认知,首先需要明确地铁运行会面临着哪些干扰事件,即有哪些威胁或灾害。检查表或清单是最为普遍也是应用范围最广的一种识别系统干扰的方法。Adduci 和 Hathaway 等为美国交通运输部(Department of Transportation,DOT)编制了一份公共运输项目的灾害分析指南[182],其中轨道交通的干扰因素包括基本的设计缺陷、内在威胁、失灵、维护不当、环境灾害以及人为因素。英国铁路安全标准委员会(Rail Safety and Standards Board,RSSB)代表铁路行业提供了一个更通用的识别危险的清单[183],涉及范围也更为宽泛,不仅包括功能危险清单、机械危险清单、电力危险清单,还包含建设危险清单、运营支持清单、职业健康清单。赵惠祥通过对上海和广州地铁的调研情况及有关城市地铁的参考资料,归纳出地铁系统运行的通用危险状态清单[184],将这些干扰分为碰撞、脱轨、触电、爆炸、火灾、烧伤/烫伤、窒息、热疲倦、机械伤害、刺伤、摔伤/扭伤,并详细说明了每一个类别下面详细危险事件。

地铁事故案例也是识别系统干扰的重要途径之一。不过从事故案例获取干扰事件对事故案例的质量要求较高。本书收集到的268起地铁事故案例质量参差不齐,有些案例非常详细,而有一些只是对事故或意外进行了简单的描述,没有提供任何关于事故或意外原因的信息,因此需要对案例库进行筛选,只保留记录有详细事故过程的案例,最后用于进一步分析地铁事故的案例共134起。从上海"9·27"地铁追尾事故可以得到,在该事故中暴露出来的干扰有电力故障、信号故障、列车之间的碰撞以及操作错误。鉴于列车之间碰撞和列车与人之间的碰撞会给地铁系统带来不同程度的影响,本书并未将这两项干扰合并为一项,而是分开进行研究的。通过对保留的134起地铁事故案例进行梳理和整合,结合现有的检查表和清单,本书最后归纳总结出地铁运营干扰事件共26个,具体如表3-2所示。

表3-2 地铁运营干扰事件类型

编号	干扰事件	编号	干扰事件
DE_1	窒息	DE_{14}	夹伤
DE_2	打斗	DE_{15}	中毒
DE_3	列车与人员的碰撞	DE_{16}	供电故障
DE_4	列车与列车的碰撞	DE_{17}	屏蔽门故障
DE_5	通信故障	DE_{18}	吸烟
DE_6	拥挤	DE_{19}	信号故障
DE_7	脱轨	DE_{20}	踩踏
DE_8	触电	DE_{21}	自杀
DE_9	电气设备故障	DE_{22}	恐怖袭击
DE_{10}	电梯故障	DE_{23}	轨道损坏
DE_{11}	爆炸	DE_{24}	车辆故障
DE_{12}	跌倒	DE_{25}	错误操作
DE_{13}	火灾	DE_{26}	水害

3.2.3 地铁运营干扰事件间关系的确定

MOV的激发是多方面干扰因素演化和耦合作用的结果,是由一系列干扰和地铁系统自身脆弱性联合影响导致的。干扰事件之间的关系为干扰因素间相互作用的前后关系、相互影响的因果关系,某一干扰事件的出现会引起其他干扰事件的发生,因此干扰事件之间的关系是有向关系,通过分析保留的134起地铁事故案例,可知这种关系可以分为三类,如图3-4所示。

第一类是"一对一"型的关系,如图3-4(1)所示,表示的是某一干扰事件a可能会触发另一干扰事件b,比如自动扶梯故障会引起乘客从电梯上摔倒,这种关系不断反复会形成一连串的干扰事件,引发多米诺骨牌效应。第二类是"多对一"型的关系,如图3-4(2)所示,表

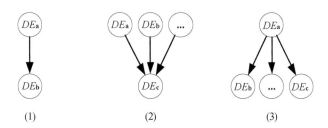

图 3-4　干扰事件间的三类关系类型

示某几个干扰事件 a、b 等共同的作用和影响导致了干扰事件 c,比如上海"9·27"地铁追尾事故中,信号故障以及员工操作错误共同导致了列车间的碰撞,如果信号没有出现故障或者人员没有出现操作错误,追尾事故就不会发生。第三类是"一对多"型关系,如图 3-4(3)所示,表示单一的干扰事件 a 会引发 b、c 等多个干扰事件,比如地铁火灾发生后,不仅可能由于空间密闭出现窒息的风险,而且可能会由于疏散不利导致踩踏现象的出现。

以筛选的 134 起地铁运营事故案例为基础,借助事件链(Event Chain)来描述地铁干扰事件之间的联系,具体如表 3-3 所示。通过地铁事故案例,26 个干扰事件共明确 45 对关系。

表 3-3　地铁运营事故干扰事件链

事故编号	干扰事件链	符号表示
1	吸烟→火灾→窒息	$DE_{18} \to DE_{13} \to DE_1$
2	恐怖袭击→中毒	$DE_{22} \to DE_{15}$
3	电气设备故障→火灾	$DE_9 \to DE_{13}$
4	恐怖袭击→爆炸→火灾	$DE_{22} \to DE_{11} \to DE_{13}$
5	轨道损坏→脱轨→火灾→拥挤 错误操作→脱轨	$DE_{23} \to DE_7 \to DE_{13} \to DE_6$ $DE_{25} \to DE_7$
6	错误操作→电气设备故障→火灾	$DE_{25} \to DE_9 \to DE_{13}$
7	供电故障→车辆故障	$DE_{16} \to DE_{24}$
8	打斗→车辆故障	$DE_2 \to DE_{24}$
9	打斗→列车与人员的碰撞	$DE_2 \to DE_3$
10	信号故障→列车与列车碰撞	$DE_{19} \to DE_4$
11	电梯故障→跌倒	$DE_{10} \to DE_{12}$
12	拥挤→踩踏	$DE_6 \to DE_{20}$
13	电气设备故障→触电→跌倒	$DE_9 \to DE_8 \to DE_{12}$
14	自杀→列车与人员碰撞	$DE_{21} \to DE_3$
15	信号故障→屏蔽门故障→列车与人员碰撞	$DE_{19} \to DE_{17} \to DE_3$
16	电气设备故障→触电	$DE_9 \to DE_8$
17	通信故障→车辆故障	$DE_5 \to DE_{24}$

续 表

事故编号	干扰事件链	符号表示
18	信号故障→通信故障	$DE_{19} \to DE_5$
19	电气设备故障→触电→跌倒	$DE_9 \to DE_8 \to DE_{12}$
20	通信故障→信号故障	$DE_5 \to DE_{19}$
21	拥挤→跌倒	$DE_6 \to DE_{12}$
22	打斗→屏蔽门故障	$DE_2 \to DE_{17}$
23	信号故障→车辆故障→夹伤	$DE_{19} \to DE_{24} \to DE_{14}$
24	电气设备故障→触电	$DE_9 \to DE_8$
25	供电故障→车辆故障	$DE_{16} \to DE_{24}$
26	恐怖袭击→火灾→中毒	$DE_{22} \to DE_{13} \to DE_{15}$
27	拥挤→打斗→跌倒	$DE_6 \to DE_2 \to DE_{12}$
28	火灾→拥挤→踩踏	$DE_{13} \to DE_6 \to DE_{20}$
29	信号故障→车辆故障→脱轨	$DE_{19} \to DE_{24} \to DE_7$
30	电梯故障→跌倒	$DE_{10} \to DE_{12}$
31	操作错误→车辆故障→脱轨	$DE_{25} \to DE_{24} \to DE_7$
32	恐怖袭击→爆炸→火灾→窒息	$DE_{22} \to DE_{11} \to DE_{13} \to DE_1$
33	通信故障→信号故障→车辆故障	$DE_5 \to DE_{19} \to DE_{24}$
34	电气设备故障→火灾→窒息	$DE_9 \to DE_{13} \to DE_1$
35	通信故障→信号故障→车辆故障	$DE_5 \to DE_{19} \to DE_{24}$
36	恐怖袭击→爆炸	$DE_{22} \to DE_{11}$
37	电气设备故障→触电	$DE_9 \to DE_8$
38	供电故障→车辆故障	$DE_{16} \to DE_{24}$
39	通信故障→信号故障→车辆故障	$DE_5 \to DE_{19} \to DE_{24}$
40	吸烟→火灾→拥挤→踩踏	$DE_{18} \to DE_{13} \to DE_6 \to DE_{20}$
41	拥挤→跌倒	$DE_6 \to DE_{12}$
42	水害→轨道损坏→脱轨 错误操作→脱轨	$DE_{26} \to DE_{23} \to DE_7$ $DE_{25} \to DE_7$
43	火灾→拥挤→跌倒	$DE_{13} \to DE_6 \to DE_{12}$
44	供电故障→车辆故障	$DE_{16} \to DE_{24}$
45	恐怖袭击→火灾→中毒 火灾→拥挤→踩踏	$DE_{22} \to DE_{13} \to DE_{15}$ $DE_{13} \to DE_6 \to DE_{20}$
46	信号故障→屏蔽门故障	$DE_{19} \to DE_{17}$
47	恐怖袭击→火灾→拥挤→踩踏	$DE_{22} \to DE_{13} \to DE_6 \to DE_{20}$

续 表

事故编号	干扰事件链	符号表示
48	信号故障→车辆故障	$DE_{19} \to DE_{24}$
49	通信故障→信号故障→车辆故障	$DE_5 \to DE_{19} \to DE_{24}$
50	通信故障→信号故障	$DE_5 \to DE_{19}$
51	错误操作→电气设备故障→火灾→拥挤→踩踏	$DE_{25} \to DE_9 \to DE_{13} \to DE_6 \to DE_{20}$
52	电气设备故障→触电	$DE_9 \to DE_8$
53	车辆故障→通信故障→信号故障	$DE_{24} \to DE_5 \to DE_{19}$
54	供电故障→车辆故障	$DE_{16} \to DE_{24}$
55	拥挤→跌倒→列车与人员的碰撞	$DE_6 \to DE_{12} \to DE_3$
56	触电→跌倒	$DE_8 \to DE_{12}$
57	轨道损坏→脱轨→火灾→窒息	$DE_{23} \to DE_7 \to DE_{13} \to DE_1$
58	恐怖袭击→中毒	$DE_{22} \to DE_{15}$
59	吸烟→火灾	$DE_{18} \to DE_{13}$
60	车辆故障→列车与列车碰撞→火灾	$DE_{24} \to DE_4 \to DE_{13}$
61	拥挤→打斗→屏蔽门故障	$DE_6 \to DE_2 \to DE_{17}$
62	供电故障→信号故障→列车与列车的碰撞 错误操作→列车与列车碰撞	$DE_{16} \to DE_{19} \to DE_4$ $DE_{25} \to DE_4$
63	水害→轨道损坏	$DE_{26} \to DE_{23}$
64	信号故障→车辆故障	$DE_{19} \to DE_{24}$
65	通信故障→信号故障→车辆故障	$DE_5 \to DE_{19} \to DE_{24}$
66	信号故障→车辆故障→通信故障	$DE_{19} \to DE_{24} \to DE_5$
67	电梯故障→跌倒	$DE_{10} \to DE_{12}$
68	打斗→跌倒	$DE_2 \to DE_{12}$
69	拥挤→打斗→车辆故障	$DE_6 \to DE_2 \to DE_{24}$
70	恐怖袭击→中毒	$DE_{22} \to DE_{15}$
71	电气设备故障→触电	$DE_9 \to DE_8$
72	信号故障→屏蔽门故障	$DE_{19} \to DE_{17}$
73	电梯故障→跌倒	$DE_{10} \to DE_{12}$
74	通信故障→信号故障→屏蔽门故障	$DE_5 \to DE_{19} \to DE_{17}$
75	信号故障→通信故障→车辆故障	$DE_{19} \to DE_5 \to DE_{24}$
76	供电故障→车辆故障	$DE_{16} \to DE_{24}$
77	信号故障→通信故障	$DE_{19} \to DE_5$

续 表

事故编号	干扰事件链	符号表示
78	通信故障→车辆故障→脱轨	$DE_5 \to DE_{24} \to DE_7$
79	供电故障→车辆故障	$DE_{16} \to DE_{24}$
80	车辆故障→通信故障→信号故障	$DE_{24} \to DE_5 \to DE_{19}$
81	供电故障→车辆故障	$DE_{16} \to DE_{24}$
82	拥挤→打斗→屏蔽门故障	$DE_6 \to DE_2 \to DE_{17}$
83	电气设备故障→触电	$DE_9 \to DE_8$
84	车辆故障→通信故障→信号故障	$DE_{24} \to DE_5 \to DE_{19}$
85	恐怖袭击→中毒	$DE_{22} \to DE_{15}$
86	自杀→列车与人员碰撞	$DE_{21} \to DE_3$
87	车辆故障→通信故障→信号故障	$DE_{24} \to DE_5 \to DE_{19}$
88	通信故障→信号故障→车辆故障	$DE_5 \to DE_{19} \to DE_{24}$
89	信号故障→通信故障→车辆故障	$DE_{19} \to DE_5 \to DE_{24}$
90	供电故障→电气设备故障	$DE_{16} \to DE_9$
91	电气设备故障→火灾	$DE_9 \to DE_{13}$
92	通信故障→信号故障→车辆故障	$DE_5 \to DE_{19} \to DE_{24}$
93	信号故障→屏蔽门故障	$DE_{19} \to DE_{17}$
94	信号故障→通信故障→车辆故障	$DE_{19} \to DE_5 \to DE_{24}$
95	电气设备故障→触电	$DE_9 \to DE_8$
96	错误操作→电气设备故障→触电→跌倒	$DE_{25} \to DE_9 \to DE_8 \to DE_{12}$
97	错误操作→脱轨	$DE_{25} \to DE_7$
98	恐怖袭击→爆炸	$DE_{22} \to DE_{11}$
99	供电故障→车辆故障	$DE_{16} \to DE_{24}$
100	打斗→车辆故障→通信故障→信号故障	$DE_2 \to DE_{24} \to DE_5 \to DE_{19}$
101	自杀→列车与人员的碰撞	$DE_{21} \to DE_3$
102	打斗→屏蔽门故障	$DE_2 \to DE_{17}$
103	拥挤→踩踏	$DE_6 \to DE_{20}$
104	电梯故障→跌倒	$DE_{10} \to DE_{12}$
105	拥挤→车辆故障→通信故障→信号故障	$DE_6 \to DE_{24} \to DE_5 \to DE_{19}$
106	供电故障→车辆故障→信号故障	$DE_{16} \to DE_{24} \to DE_{19}$
107	电气设备故障→触电	$DE_9 \to DE_8$
108	信号故障→脱轨 错误操作→脱轨	$DE_{19} \to DE_7$ $DE_{25} \to DE_7$

续　表

事故编号	干扰事件链	符号表示
109	自杀→列车与人员的碰撞	$DE_{21} \to DE_3$
110	错误操作→电气设备故障→火灾	$DE_{25} \to DE_9 \to DE_{13}$
111	打斗→车辆故障→通信故障	$DE_2 \to DE_{24} \to DE_5$
112	通信故障→信号故障→车辆故障	$DE_5 \to DE_{19} \to DE_{24}$
113	电梯故障→跌倒	$DE_{10} \to DE_{12}$
114	拥挤→车辆故障→通信故障	$DE_6 \to DE_{24} \to DE_5$
115	轨道损坏→车辆故障→脱轨 错误操作→脱轨	$DE_{23} \to DE_{24} \to DE_7$ $DE_{25} \to DE_7$
116	信号故障→车辆故障→通信故障	$DE_{19} \to DE_{24} \to DE_5$
117	通信故障→信号故障→车辆故障	$DE_5 \to DE_{19} \to DE_{24}$
118	信号故障→车辆故障→夹伤	$DE_{19} \to DE_{24} \to DE_{14}$
119	信号故障→屏蔽门故障→列车与人员的碰撞	$DE_{19} \to DE_{17} \to DE_3$
120	电气设备故障→火灾→爆炸	$DE_9 \to DE_{13} \to DE_{11}$
121	信号故障→屏蔽门故障	$DE_{19} \to DE_{17}$
122	供电故障→车辆故障→通信故障	$DE_{16} \to DE_{24} \to DE_5$
123	打斗→屏蔽门故障→列车与人员的碰撞	$DE_2 \to DE_{17} \to DE_3$
124	车辆故障→通信故障→信号故障	$DE_{24} \to DE_5 \to DE_{19}$
125	通信故障→信号故障→车辆故障	$DE_5 \to DE_{19} \to DE_{24}$
126	信号故障→车辆故障→通信故障	$DE_{19} \to DE_{24} \to DE_5$
127	自杀→列车与人员碰撞	$DE_{21} \to DE_3$
128	打斗→车辆故障→通信故障→信号故障	$DE_2 \to DE_{24} \to DE_5 \to DE_{19}$
129	拥挤→踩踏	$DE_6 \to DE_{20}$
130	通信故障→信号故障→车辆故障	$DE_5 \to DE_{19} \to DE_{24}$
131	错误操作→电气设备故障→火灾→窒息	$DE_{25} \to DE_9 \to DE_{13} \to DE_1$
132	通信故障→车辆故障	$DE_5 \to DE_{24}$
133	供电故障→车辆故障→通信故障→信号故障	$DE_{16} \to DE_{24} \to DE_5 \to DE_{19}$
134	信号故障→车辆故障→通信故障	$DE_{19} \to DE_{24} \to DE_5$

3.2.4　地铁运营干扰事件网络的构建

从表 3-3 中 134 件地铁运营事故得到的干扰事件链可以看出，干扰事件之间存在着各种引起与被引起、触发和被触发的逻辑关系，部分相互之间的逻辑关系形成回路。接下来，以事故1和事故5得到的事故链说明地铁运营干扰事件网络的形成过程,具体如图3-5所示。

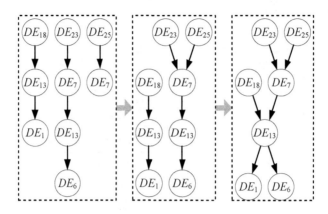

图 3-5　不同运营干扰事件链融合过程

同理,整合表3-3中剩余的干扰事件链,就可以融合得到一个地铁运营干扰事件网络(Metro Operation Disruptive Events Network,MODEN),如图3-6所示。

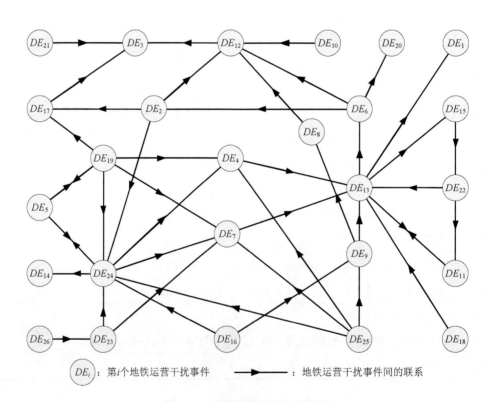

DE_i:第i个地铁运营干扰事件　　　　→:地铁运营干扰事件间的联系

图 3-6　地铁运营干扰事件网络

3.3 地铁运营干扰事件网络静态结构分析

3.3.1 复杂网络分析软件

为了方便有效地研究复杂网络,各类研究软件不断产生,如 Pajek、UCINET、NetMiner 等等,其中 Pajek 就是使用相对较多的一款复杂网络分析工具。Pajek 在斯洛文尼亚语中拼写为 Pahyek,是蜘蛛的意思。它不仅为用户提供了一套快速有效的网络分析算法,还具备可视化操作功能界面,让用户可以更加直观地了解复杂网络的结构特性[185]。此外,Pajek 还配备了 R 和 SPSS 软件的接口,极大地降低了用户处理统计数据的难度,因此,本书选取 Pajek 4.10 来对 MODEN 进行分析。

Network 是 Pajek 最重要的数据类型,包括整个复杂网络最基本的信息,如节点数、各节点的名称以及节点间各条边的连接情况及其权值等。定义 Network 有多种基本方式,本书选取连接矩阵的方法来表示网络结构。连接矩阵是一个 n 行 n 列的矩阵,n 等于网络中的节点数,矩阵中的元素反映节点之间具体的连接关系,从节点 i 有一条边指向节点 j,则矩阵中相应的元素为 1;从节点 i 没有边指向节点 j 节点,则矩阵中相应元素的值为 0。对于加权网络而言,矩阵中对应的元素乘以相应的权值即可得到最终连接矩阵。连接矩阵的方式与计算机图形学中图的连接矩阵表达方式一致,可以很方便地利用其他程序中得到的连接矩阵,因而计算起来简单方便。但缺点就是当 n 非常大时,矩阵需要的存储空间非常大,而且其中大部分的元素都为零,因此浪费了很多存储空间。MODEN 规模较小,其 n 值较小,为 26,具体的矩阵形式如图 3-7 所示。将该矩阵导入 Pajek 后,地铁运营干扰事件网络的图形化表示如图 3-8 所示。

```
*Vertices 26
 1  "Asphyxiation"
 2  "Assault"
 3  "Collision with human"
 4  "Collision with train"
 5  "Communication"
 6  "Congestion"
 7  "Derailment"
 8  "Electrocution"
 9  "Electrified device failure"
10  "Escalator failure"
11  "Explosion"
12  "Fall"
13  "Fire"
14  "Pinch point injury"
15  "Poisoning"
16  "Power supply failure"
17  "Screen door failure"
18  "Smoking"
19  "Signal malfunction"
20  "Stampede"
21  "Suicide"
22  "Terrorism"
23  "Track damage"
24  "Vehicle failure"
25  "Violation"
26  "Water damage"
*Matrix
0 0 0 0 0 0 0 0 0 0 0 0 0 0 0 0 0 0 0 0 0 0 0 0 0 0
0 0 0 0 0 1 0 0 0 0 1 0 0 0 0 0 0 0 0 1 0 0 0 0 1 0 0
0 0 0 0 0 0 0 0 0 0 0 0 0 0 0 0 0 0 0 0 0 0 0 0 0 0
0 0 0 0 0 0 1 0 0 0 0 0 0 0 0 0 0 0 0 0 0 0 0 0 0 0
0 0 0 0 0 0 0 0 0 0 0 0 0 0 0 0 0 0 1 0 0 0 0 1 0 0
0 1 0 0 0 0 0 0 0 1 0 0 0 0 0 0 0 1 0 0 0 1 0 0 1 0 0
0 0 0 0 0 0 0 0 0 0 0 0 0 0 0 0 0 0 0 0 0 0 0 0 0 0
0 0 0 0 0 0 0 0 0 0 1 0 0 0 0 0 0 0 0 0 0 0 0 0 0 0
0 0 0 0 0 0 0 0 0 1 0 0 0 0 0 0 0 0 0 0 0 0 0 0 0 0
0 0 0 0 0 0 0 0 0 0 0 0 0 0 0 0 0 0 0 0 0 0 0 0 0 0
0 0 0 0 0 0 0 0 0 0 0 0 0 0 0 0 0 0 0 0 0 0 0 0 0 0
0 0 1 0 0 0 0 0 0 0 0 0 0 0 0 0 0 0 0 0 0 0 0 0 0 0
1 0 0 0 0 1 0 0 0 0 1 0 0 0 0 0 0 0 0 0 0 0 0 0 0 0
0 0 0 0 0 0 0 0 0 0 0 0 0 0 0 0 0 0 0 0 0 0 0 0 0 0
0 0 0 0 0 0 0 0 0 0 0 0 0 0 0 0 0 0 0 0 0 0 0 0 0 0
0 0 0 0 0 1 0 0 0 0 0 0 0 0 0 0 0 0 0 0 0 0 0 0 1 0 0
0 1 0 0 0 0 0 0 0 0 0 0 0 0 0 0 0 0 0 0 0 0 0 0 1 0 0
0 0 1 0 1 0 1 0 0 0 0 0 0 0 0 0 0 0 0 0 0 0 0 0 0 0
0 0 1 1 0 1 0 0 0 0 0 0 0 0 0 0 0 0 0 0 0 0 0 0 1 0 0
0 0 1 0 1 0 1 0 0 0 0 0 0 0 0 0 0 0 0 0 0 0 0 0 0 0
0 0 0 0 0 0 0 0 0 0 1 0 1 0 1 0 0 0 0 0 0 0 0 0 0 0
0 0 1 0 0 0 0 0 0 0 0 0 0 0 0 0 0 0 0 0 0 0 0 0 1 0 0
0 0 1 1 0 1 0 0 0 0 0 0 0 0 0 0 0 0 0 0 0 0 0 0 1 0 0
0 0 0 1 0 1 0 0 0 0 0 0 0 0 0 0 0 0 0 0 0 0 0 0 1 0 0
0 0 0 0 0 0 0 0 0 0 0 0 0 0 0 0 0 0 0 0 0 0 0 0 0 0
0 0 0 0 0 0 0 0 0 0 0 0 0 0 0 0 0 0 0 0 0 0 0 0 1 0 0 0
```

图 3-7 地铁运营干扰事件网络数据文件的矩阵形式

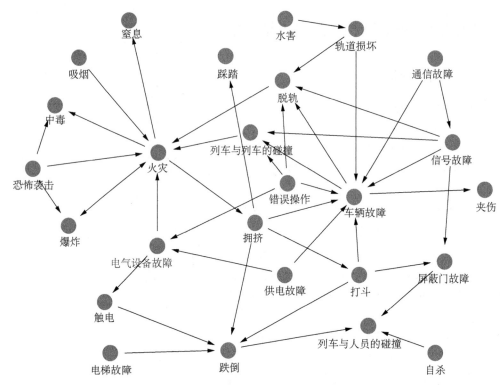

图 3-8 地铁运营干扰事件网络图形化表示

3.3.2 地铁运营干扰事件网络基本拓扑特性解析

MODEN 是一个具有 26 个节点、45 条有向边的复杂网络,计算网络的基本拓扑特性可以准确认知网络的结构和内在特征[186],因此将首先考察 MODEN 的 4 个基本统计特征:网络密度、度及度分布、平均路径长度和聚类系数。

3.3.2.1 MODEN 网络规模与密度

网络密度是对网络完备性的一种测度,它在一定程度上表征着网络中关系的数量与复杂程度,能反映出一个网络的总体凝聚水平和各个点之间关联的紧密程度。MODEN 节点总数 26 个,连接边总数 45 条,根据式(3-1)可以得出其网络密度为 0.069 2,MODEN 是一个稀疏网络。干扰事件节点相互连接的可能性不到 7%,表明 MODEN 整体紧密程度较低,结构较为分散。此外如果出现新的干扰事件,该干扰事件将只会与少数现有干扰事件存在联系。

3.3.2.2 MODEN 度及度分布

度指标作为研究网络拓扑结构的基本参数,描述了在静态网络中各节点所产生的直接影响力,体现了节点之间建立直接联系的能力。一般而言,节点的度越大,它在网络中就越重要。MODEN 是有向网络,因此节点的度由入度和出度组成,通过式(3-2)和式(3-3)可以得出如图 3-9 所示的各节点的出度、入度及总度。DE_{24}(车辆故障)具有最大的入度值 7,说明它最容易被其他干扰事件触发,在地铁运营事故案例中,车辆故障也是出现频次较高的干扰事件,与统计结果相符。拥有最大出度值的节点是 DE_{19}(信号故障),其值为5,这预示着信号故障的出现极易引发其他干扰事件的发生。信号系统作为地铁系统的"大脑",是保证地铁运行安全和线路通行能力的重要基石,一旦信号系统失去作用,地铁系统将会做出最为强烈的反应,引发多种干扰事件的出现。节点总度位于前三位的是 DE_{24}(车辆故障)、DE_{13}(火灾)、DE_{19}(信号故障),其值分别为 11、10、6。由于地铁系统的空间特性使得火灾极易发生,并且火灾还会导致许多次生干扰事件,因此除了要防范和留意车辆故障和信号故障,火灾也是不可忽略的重要干扰事件,它们是地铁运营风险把控的重点。

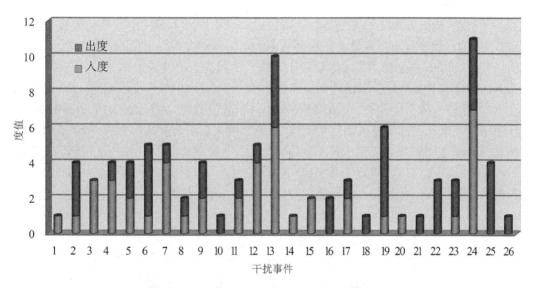

图 3-9 MODEN 中各节点的入度、出度和总度

MODEN 的网络平均度为 3.462,这表明每项干扰事件大致与其他 3.462 项干扰事件有联系,同时也意味着每个干扰事件的出现平均可能导致与该干扰事件有直接作用关系的 3.462 个干扰事件的发生。MODEN 的入度标准方差为 1.809,出度标准方差为 1.456,入度方差较大,说明 MODEN 的入向网络异质性较强。干扰事件的入度变化范围要大于出度的变化范围,也就意味着地铁系统中上级干扰源较为分散,下级干扰源较为集中,相比寻找最终干扰事件,获得初始干扰事件会更加困难。

3.3.2.3 MODEN 平均路径长度

平均路径长度作为对网络的连通性描述的指标,反映了网络的整体连接情况,通过式(3-5)可以得到 MODEN 的平均路径长度为 2.8,这表明不同的干扰事件平均只需经过 3 步就可以建立彼此之间的联系,直观上比较孤立,看似没有联系的两类干扰事件完全可能因为两个节点的过渡而形成连锁反应,从而影响较小的干扰事件将会演化成影响较大的干扰事件。不仅如此,不同干扰事件之间建立联系的路径也很多,这无疑使得地铁干扰事件难以得到有效控制,加大了保证地铁系统安全可靠运行的难度。MODEN 的最长路径长度为 6,即 MODEN 的直径为 6。某一干扰事件最多需要 6 步就触发另一干扰事件,如 DE_{26}(水害)通过 6 步导致 DE_3(列车与人员的碰撞)的出现。其中可能的一条路径为 DE_{26}(水害)导致 DE_{23}(轨道损坏),DE_{23}(轨道损坏)引起 DE_{24}(车辆故障),继而触发 DE_5(通信故障),

DE_5(通信故障)又导致 DE_{19}(信号故障),最后 DE_{19}(信号故障)引发 DE_{17}(屏蔽门故障)并最终导致 DE_3(列车与人员的碰撞)。

3.3.2.4 MODEN 聚类系数

聚类系数作为反映网络节点集团化程度和节点聚集情况的重要参数,是节点的邻接点之间也互为邻接点的比例。根据式(3-6),MODEN 中每类干扰事件的聚类系数如图 3-10 所示。MODEN 的网络聚类系数为 0.172 8,要高于一般同规模的随机网络聚类系数,较高的节点集团化倾向表明 MODEN 呈现较为明显的群集现象,局部条件下干扰事件间存在较强的连锁耦合能力和往复放大效应。MODEN 比较严重的群聚现象给干扰事件的防治带来了挑战,给地铁系统的安全运行带来较大的隐患。MODEN 中节点的聚类系数值在 0 到 0.5 之间。四个节点拥有最大的聚类系数值 0.5,分别为 DE_5(通信故障)、DE_{11}(爆炸)、DE_{15}(中毒)和 DE_{22}(恐怖袭击),它们对于地铁系统而言威胁性较大,对这些干扰事件做好预防措施能够显著提升地铁系统的运行安全水平。DE_3(列车与人员的碰撞)、DE_8(触电)、DE_9(电气设备故障)、DE_{16}(供电故障)和 DE_{17}(屏蔽门故障)5 个节点的聚类系数为 0,这些干扰事件与其他干扰事件关系比较疏松,或者影响关系不是直接发生的,需要借助其他干扰事件的传递才能实现。由于 DE_1(窒息)、DE_{10}(电梯故障)、DE_{14}(夹伤)、DE_{18}(吸烟)、DE_{20}(踩踏)、DE_{21}(自杀)和 DE_{26}(水害)的节点度为 1,即只有一个邻接点,因此这 7 个点的聚类系数值缺失。剩余节点的聚类系数值则在 0.1 附近波动。

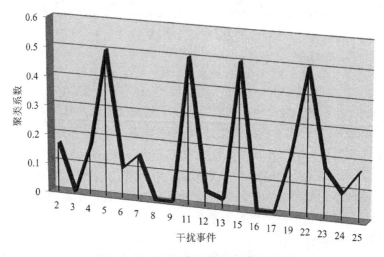

图 3-10 MODEN 中各节点的聚类系数

3.3.3 地铁运营干扰事件网络现实特性解析

规则网络和随机网络先后被当作实际系统的描述工具,然而现实网络并不是完全随机的,也不是完全规则的,它们具有某些相同的本质特性,比如典型的小世界特性和无标度特性。为了进一步认知 MODEN,探究其本质特性,接下来将会考察 MODEN 是否具有小世界特性和无标度特性。

3.3.3.1 MODEN 小世界特性检验

小世界特性表达的是网络中大部分节点彼此并不相连,但绝大部分节点可以通过网络其他节点经少数几步就可建立连接。最早观察到小世界现象的社会人际网络,后来在生物学、物理学、计算机科学等领域也出现小世界效应,小世界特性已经成为一种反映现实网络的特殊拓扑特性。一般而言,高聚类系数和低平均路径长度是小世界网络的典型特征,因此它们成为衡量网络是否具有小世界特性的判断标准。对于 MODEN 而言,从 3.3.2 节可知,其平均路径长度为 2.8,聚类系数为 0.172 8。为了更直观地进行比较,利用 Pajek 软件生成 10 个与 MODEN 规模相同的随机网络,并计算它们的平均路径长度和聚类系数,结果如表 3-4 所示。很明显,MODEN 的平均路径长度要小于十个网络的均值 3.591,而聚类系数要明显大于十个网络的均值 0.069,因此 MODEN 具有小世界特性。

表 3-4 十个随机网络平均路径长度及聚类系数

随机网络	编号										均值
	1	2	3	4	5	6	7	8	9	10	
平均路径长度	3.591	3.425	3.505	3.284	2.902	4.064	3.066	4.888	4.242	2.938	3.591
聚类系数	0.035	0.040	0.065	0.028	0.046	0.048	0.222	0.020	0.092	0.091	0.069

MODEN 的小世界特性造成 MODEN 具有较强的扩散性,干扰事件之间的联系比较紧密,相互影响通畅,干扰能够迅速在地铁系统中传播和蔓延,这对于防止地铁运营干扰的控制和管理工作相当不利,给地铁的安全运行提出了更大的挑战。

3.3.3.2 MODEN 无标度特性检验

无标度特性是网络中节点与邻接节点之间相互作用能力极端不均衡性的体现,大部分节点只有少数几个连接,而一些节点却拥有与其他节点的大量连接,反映了网络的增长性(Growth)和节点的偏好依附性(Preferential Attachment)[187]。网络的增长性表示网络可以不断地扩张,而节点的偏好依附性则表明两个节点连接能力的差异可以随着网络的扩张而增大,起初连接较多的节点可以形成更多的连接,这些新生节点将会在网络的演化过程中倾向于与度值较大的节点建立连接,展现节点间的"优选"法则,形成"富者愈富"的结构布局。

无标度网络与其他网络的区别体现在其度分布没有一个特定的平均值指标和特征尺度,因此网络节点的度分布情况是判断是否具有无标度特性的主要依据。Barabási 和 Albert 发现无标度网络的度分布精确地或者近似地遵循幂律分布(也称为帕累托分布)[177]。也就是说,随机抽取一个节点,它的度值为 k 的概率正比于 k 的某个幂次,如式(3-12)所示。度值越大,抽取节点正好为该度值的概率就越低。然而这个概率随度值增大而降低的速度是比较缓慢的,在一般的随机网络中,下降的速度是呈指数形式的,而在无标度网络中只是以多项式类的速度下降[188]。通过对不同的复杂网络进行统计和归纳,无标度网络度分布的 γ 值介于 2 到 3 之间。

$$p(k) \propto \frac{1}{k^\gamma} \quad (3\text{-}12)$$

MODEN 的网络规模较小,度分布情况尾部噪音较大,统计特征不明显,因此通过绘制累积度分布函数来表示节点的度数据。无标网络度分布为幂律分布,可知其累积度分布函数符合幂律指数为 $\gamma-1$ 的幂律,如式(3-13)所示。

$$P(k) \propto \sum_{k'=k}^{\infty} \frac{1}{k'^{\gamma}} \propto \frac{1}{k^{\gamma-1}} \quad (3-13)$$

依据式(3-13)对 MODEN 的累积度分布进行统计,以节点的度为横轴,网络中找到相应度值点的概率为纵轴,形成的 MODEN 的累积度分布以双对数坐标的形式展现于图 3-11 中。MODEN 的累积度分布符合幂律分布 $P(k) \sim 1.7134 \times k^{-1.367}$,其中 $R^2 = 0.8815$,$\gamma_{cum} = 1.367$,则对应网络的幂指数 $\gamma = \gamma_{cum} + 1 = 2.367$,而一般无标度网络幂指数值在 2 到 3 之间。因此,MODEN 具有无标度特性。

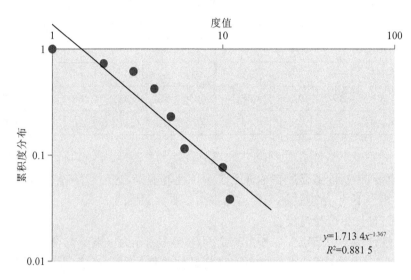

图 3-11　MODEN 累积度分布

MODEN 的无标度特性表明地铁干扰事件网络中存在少数度值远大于其他节点的干扰事件,如 DE_{24}(车辆故障)、DE_{13}(火灾)、DE_{19}(信号故障)。这些干扰事件对应的节点也称为 MODEN 网络中的"枢纽"或"集散节点"。地铁运营过程中,可以发现事故的发生也多是源于这些干扰事件,这些干扰事件或多或少地影响着地铁事故出现的概率。枢纽事件被大量其他的干扰事件所包围,因此枢纽事件一旦出现,所造成的危害和损失比其他干扰事件要大得多。正是如此,要想降低地铁系统的运营风险,提升其运行安全水平,就需要从这些枢纽事件着手,对它们采取和实施有效的控制措施和应对策略。比如去除 MODEN 中度值最大的点 DE_{24}(车辆故障)或者切断与 DE_{24}(车辆故障)干扰事件相比邻节点的联系,就能够对整个网络的连通性产生很大的影响。通过有效地预防可能造成车辆故障的干扰事件,如 DE_{16}(供电故障)、DE_{19}(信号故障)、DE_{23}(轨道损坏)等,同时加大对车辆系统的维修和检修力度,提升车辆系统的冗余度,能够降低车辆故障出现的频率,继而减少次生和衍生事件,如 DE_5(通信故障)、DE_7(脱轨)和 DE_{14}(夹伤),最终起到抑制干扰事件扩散和蔓延的效果。

既有的实证分析表明研究无标度网络的性质,对于防备网络遭受协同攻击和破坏、提高网络可靠性具有极其重要的理论和现实意义。对于 MODEN 而言,研究无标度特性亦同样重要,不过不同于提高网络的可靠性,MODEN 无标度特性的研究目的在于降低其通信和传播效率。由于无标度网络对意外故障有强大的承受能力和惊人的强韧性,因而去除一些"不重要的节点"不会对网络拓扑结构产生重大的影响,即随机去除某些干扰事件并不会对整个 MODEN 的效率造成多大的影响。但如果蓄意对 MODEN 中的枢纽事件进行协同攻击和破坏,就能够迅速导致整个 MODEN 的瓦解。当然,不同方式的攻击和破坏下,MODEN 的瓦解速度是不一样的,这将会在接下来的章节进行讨论。

MODEN 的小世界特性让干扰事件的波及范围变得较大,而 MODEN 的无标度特性则让干扰事件变得难以预测,这两个特性让地铁系统运行变得异常脆弱。明确了 MODEN 这两个特性,有利于更加深刻理解地铁系统的运行脆弱性,有助于从复杂网络角度制定相应的措施和策略来提高地铁运营安全水平。

3.4　地铁运营干扰事件网络动态特性分析

3.4.1　网络动态仿真策略

网络的动态仿真研究主要包括两个方向[189]:一是随着时间的变化网络节点与边的增加或失去所导致的网络结构和网络特征的变化;二是从脆弱性或鲁棒性分析的角度以随意排除和蓄意防范两种策略仿真网络节点与边的崩溃对网络结构的影响。因此,网络动态仿真策略将要考虑失去了哪些节点,它们是以什么样的顺序失去作用,以及最终共失去了多少节点,简而言之就是失效元素、失效顺序和失效规模,然后对比在失去节点前和失去节点后网络效率的变化情况。

对于 MODEN 而言,失效元素就是地铁运营干扰事件,节点的失效就是杜绝了干扰事件的出现,而边的失效就是干扰事件之间触发与被触发关系的中断。在地铁运营过程中,防范干扰事件要比阻止干扰事件间的级联关系简单。因此,本书后续只考虑 MODEN 模型中节点元素的失效情况。

而在 MODEN 中,不同的节点失效顺序会给网络效率带来不同的影响,节点的失效顺序是指移除地铁运营干扰事件的先后次序。Albert 等人提出了随机失效和蓄意攻击两种策略,随机失效是指随机地移除网络中的节点,蓄意攻击是指有侧重地按照节点的重要程序来删除节点[190]。节点的重要程度可以根据节点中心性指标进行量化,而常用的节点中心性指标包括度中心性指标(Degree Centrality,DC)、紧密度中心性指标(Closeness Centrality,CC)以及介数中心性指标(Betweenness Centrality,BC),蓄意攻击将首先选择中心性指标值较高的节点进行攻击,选择不同指标会出现不同的节点排序,因此可进一步将蓄意攻击细分为 DC 攻击、CC 攻击和 BC 攻击。Holme 等人根据不同的中心性指标计算方式,将攻击策略分为两种方式:IA(Initial Attack)移除方式和 RA(Recalculated Attack)移除方式[191]。IA 移除方式是根据初始网络节点的中心性指标值大小顺序来移除节点,RA 移除方式中每次移去的节点是当前网络中心性指标值最大的节点。

失效规模是指 MODEN 中移除干扰事件的数量,很明显,移除的节点数目越多,MODEN 的整体性能下降程度就越大。为便于分析和描述,将移动节点的数目与原 MODEN 中节点数量的比值称为失效规模。在明确失效元素、失效顺序和失效规模之后,一般借助网络效率指标来定量化描绘网络遭受攻击前后性能的变化情况,实现对网络的动态仿真研究。

网络效率(Network Efficiency)在网络中被定义为任意两个节点之间路径长度倒数之和的平均值,如式(3-14)所示。网络效率是衡量网络通行能力的指标,反映了资源和信息在网络中的传播速度。效率越高,说明网络中节点的连接越紧密,资源和信息在网络中越容易传输。

$$E = \frac{1}{n(n-1)} \sum_{i,j \in V(i \neq j)} \frac{1}{d_{ij}} \tag{3-14}$$

式中:n 为网络节点个数;d_{ij} 为任意节点对(i,j)之间的路径长度。

3.4.2 地铁运营干扰事件网络节点中心性指标值

根据3.1.2节中节点中心性指标的定义,首先计算了MODEN中各节点的度中心性指标值、紧密中心性指标值和介数中心性指标值。节点的度中心性指标反映了干扰事件在MODEN网络中的位置,量化了干扰事件影响其他干扰事件的中心作用能力。各节点的度中心性指标与各节点度保持一致,因此,本节不再做详细讨论,各节点中心性指标值根据大小排列如图3-12所示。

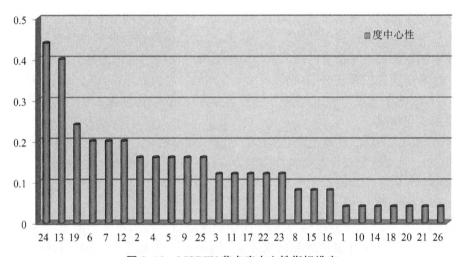

图3-12 MODEN节点度中心性指标排序

节点的紧密中心性指标刻画了干扰事件之间彼此可达的难易程度,反映了干扰事件之间影响的密切程度和抱团能力。MODEN中各节点的紧密中心性指标值,按照从大到小的顺序排列如图3-13所示。MODEN的内紧密度最大值为0.321,最小值为0,均值为0.15;外紧密度最大值为0.282,最小值为0,均值为0.148。综合起来,DE_6(拥挤)、DE_{13}(火灾)和DE_{24}(车辆故障)的紧密中心性指标值排在前三位,其值分别为0.532、0.51和0.5,最小值为0.253,地铁运营干扰事件具有较大的紧密度中心指标值,干扰事件关系密切,容易相伴出现,给地铁运营带来了挑战。

介数中心性指标也称为间距中心性指标,表达的是互相影响的干扰事件间最短路径通过某其他干扰事件的次数,可以反映出干扰事件在MODEN中的枢纽性及其演化能力。MODEN的介数均值为0.03,各节点的介数中心性指标值排序如图3-14所示。其中,节点

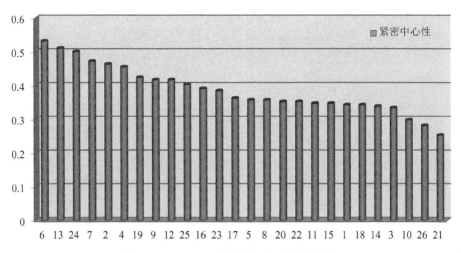

图 3-13 MODEN 节点紧密中心性指标排序

DE_{13}（火灾）具有介数最大值 0.232，它在 MODEN 起到的"中介"作用较大，对其余干扰事件的控制作用较为明显，删除该枢纽型较强的干扰事件能够使得 MODEN 的最短路径变长，起到弱化干扰事件间连锁反应的效果。DE_1（窒息）、DE_3（列车与人员的碰撞）、DE_{10}（电梯故障）、DE_{11}（爆炸）、DE_{14}（夹伤）、DE_{15}（中毒）、DE_{16}（供电故障）、DE_{18}（吸烟）、DE_{20}（踩踏）、DE_{21}（自杀）、DE_{22}（恐怖袭击）、DE_{25}（错误操作）和 DE_{26}（水害）共 13 个节点介数中心性指标值最小为 0，这 13 个干扰事件处于 MODEN 网络中的边缘位置，并没有起到传递媒介和桥梁的作用，不过这并不意味着它们一点都不重要，它们很可能会是导致一些干扰事件出现的源头事件。

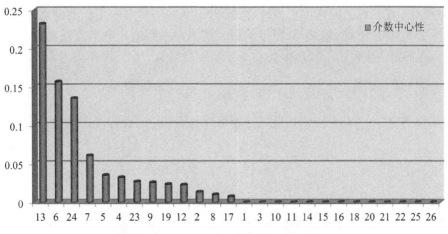

图 3-14 MODEN 节点介数中心性指标排序

3.4.3 地铁运营干扰事件网络中心性程度的量化

网络节点的中心性可以衡量各节点的重要程度，通过中心性指标可以寻找网络中的中心节点，然而一旦网络中存在大量的中心节点，寻找中心节点就失去意义。因此，对于 MODEN 而言，其网络中节点的中心性差异越大，有关 MODEN 动态仿真研究也就变得越有实际意义。在复杂网络研究中,网络中心性程度的刻画是基于网络中已经定义的中心性指标[192],对于具有 n 个节点的网络,其网络中心性程度的定义如下:

$$C_X^g = \frac{\sum_{i=1}^{n}[C_X^*(i) - C_X(i)]}{\max \sum_{i=1}^{n}[C_X^*(i) - C_X(i)]} \tag{3-15}$$

式中: n 为节点数; $C_X(i)$ 是网络中已定义的中心性指标; $C_X^*(i) = \max C_X(i)$。

将 3.1.2 节中定义的度中心性指标、紧密度中心性指标和介数中心性指标代入式(3-15),就可以得到基于不同中心性指标的网络中心性程度,基于度指标的网络中心性程度如式(3-16)所示。

$$C_D^g = \frac{\sum_{i=1}^{n}[C_D^*(i) - C_D(i)]}{\max \sum_{i=1}^{n}[C_D^*(i) - C_D(i)]} \tag{3-16}$$

根据式(3-7)度指标的定义,度最大值为 $n-1$,最小值为 1,总共有 $(n-1)$ 对比较,不难得到 $\max \sum_{i=1}^{n}[C_X^*(i) - C_X(i)] = [(n-1)-1](n-1) = n^2 - 3n + 2$,据此基于度指标的网络中心性程度可进一步化简为式(3-17):

$$C_D^g = \frac{\sum_{i=1}^{n}[C_D^*(i) - C_D(i)]}{n^2 - 3n + 2} \tag{3-17}$$

类似于基于度指标的网络中心性程度,可以得到基于紧密度指标的网络中心性程度。根据式(3-9)紧密度指标的定义,紧密度的最大值出现在距离所有节点距离都为 1 的节点上,此时节点的紧密度为 1。除了该节点,剩余节点与其他节点的距离均为 2,剩余节点都具有最小的紧密度,其值为 $\frac{n-1}{1+2(n-2)} = \frac{n-1}{2n-3}$,最大值与最小值差为 $1 - \frac{n-1}{2n-3} = \frac{n-2}{2n-3}$,同样共有 $(n-1)$ 对比较,据此基于紧密度的网络中心性程度可表达为式(3-18):

$$C_C^g = \frac{\sum_{i=1}^{n}[C_C^*(i) - C_C(i)]}{(n^2 - 3n + 2)/(2n - 3)} \tag{3-18}$$

同理,还可以得到基于介数指标的网络中心性程度,根据式(3-11)介数指标的定义,不难看出,介数最大为 $(n-1)(n-2)$,最小值为 0,共有 $(n-1)$ 对比较,可以对 $\max \sum_{i=1}^{n}[C_B^*(i) - C_B(i)]$ 做进一步简化处理,$\max \sum_{i=1}^{n}[C_B^*(i) - C_B(i)] = (n-1)(n-2)(n-1) = n^3 - 4n^2 + 5n - 2$,据此基于介数的网络中心性程度表示为式(3-19):

$$C_B^g = \frac{\sum_{i=1}^{n}[C_B^*(i) - C_B(i)]}{n^3 - 4n^2 + 5n - 2} \tag{3-19}$$

为了进行更为清晰的比较分析，本书选取了同等规模的规则网络、随机网络和小世界网络与MODEN进行网络中心性程度测试。最简单的规则网络中各节点的性质一样，因此其基于三种中心性指标的网络中心性程度值均为0。随机网络和小世界网络则通过Pajek生成，根据网络中心性程度的公式可以得到四个网络的基于不同中心性指标的网络中心性程度，如表3-5所示。

表3-5 四个网络的中心性程度值

网络模型	基于度的网络中心性程度	基于紧密度的网络中心性程度	基于介数的网络中心性程度
规则网络	0	0	0
随机网络	0.133 8	0.168 8	0.144 0
小世界网络	0.128 4	0.179 6	0.183 2
MODEN	0.313 6	0.310 4	0.209 7

对上述表格进行纵向比较可以发现，MODEN的网络中心性程度值要明显高于规则网络和同等规模大小的随机网络和小世界网络，因此MODEN各节点的差异化程度很大，对其进行动态仿真研究将会很有意义。

3.4.4 地铁运营干扰事件网络的动态仿真结果分析与讨论

网络拓扑结构决定了MODEN表现出来的性质，网络中的不同节点对MODEN的影响也必然不同。借助网络效率，节点对MODEN的影响程度可以通过节点移除前后效率的变化来反映，具体如式(3-20)所示。根据3.4.1中网络效率的定义，可以得知MODEN在没有受到任何攻击，即没有删除任何点的情况下其网络效率$E(G)$为0.183 7。随着节点移除比例的增加，MODEN的网络效率势必会下降。不同节点移除后，MODEN网络效率的变化程度如图3-15所示。

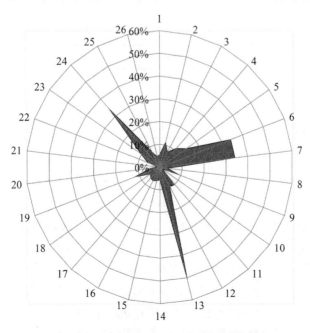

图3-15 MODEN各节点对网络的影响程度

$$\delta = \frac{E(G) - E'(G)}{E(G)} \times 100\% \tag{3-20}$$

式中：$E(G)$ 为网络的初始效率；$E'(G)$ 为节点移除后的网络效率。

根据图 3-15 可以知道，移除节点 DE_{13}（火灾）对 MODEN 造成的影响最大，达到 50.89%，网络效率下降超过了一半。节点 DE_6（拥挤）、DE_7（脱轨）和 DE_{24}（车辆故障）对 MODEN 的影响程度也超过 30%，分别为 34.21%、34.21%、34.47%。6 个节点对 MODEN 的影响程度处于 10% 到 20% 之间，具体为 DE_2（打斗）、DE_4（列车之间的碰撞）、DE_5（通信故障）、DE_{11}（爆炸）、DE_{19}（信号故障）以及 DE_{23}（轨道损坏）。26 个节点对 MODEN 起到的作用有着明显差异。

MODEN 的规模相对较小，可以通过移除每个节点来考察网络效率的变化情况，但这种方式计算量大，难以适用于规模较大的网络。因此对于规模较大的网络，需要首先定位对于网络比较重要的节点，然后以一定的方式和顺序逐个移出网络，观察网络效率的变化情况。节点移除的方式一般分为随机性移除（Random Removal，RR）和选择性移除（Selective Removal，SR）。随机性移除将首先利用 Excel 软件生成随机数，然后将随机数映射为节点编号，按照顺序删除网络节点以及与之相连的边。选择性移除则是移除中心性程度最高的若干节点以及与之相连的边，它可以进一步细分为 DC 移除、CC 移除和 BC 移除三种删除节点的方式。

选取 MODEN 中一半规模的网络节点数量，即 13 个节点作为即将删除节点，考察失去节点及其与之相连边的过程中 MODEN 网络效率的变化情况，RR 移除、DC 移除、CC 移除以及 BC 移除四种策略的节点序列如下：

RR 移除序列：

| 18 | 26 | 15 | 12 | 4 | 1 | 21 | 9 | 11 | 16 | 3 | 22 | 14 |

DC 移除序列：

| 24 | 13 | 19 | 6 | 7 | 12 | 2 | 4 | 5 | 9 | 25 | 3 | 11 |

CC 移除序列：

| 6 | 13 | 24 | 7 | 2 | 4 | 19 | 9 | 12 | 25 | 16 | 23 | 17 |

BC 移除序列：

| 13 | 6 | 24 | 7 | 5 | 4 | 23 | 9 | 19 | 12 | 2 | 8 | 17 |

基于 RR、DC、CC 和 BC 序列的四种移除策略下，MODEN 网络效率的变化情况展示在图 3-16 中。显而易见，基于 RR 的移除方式所带来的 MODEN 网络效率下降的幅度要远远小于基于 SR 的移除策略。这说明对于提升地铁运营可靠性而言，降低 MODEN 网络效率最有效的手段是对中心节点进行控制，要着重防范节点中心性程度高的干扰事件，降低这些干扰事件出现的概率，弱化这些干扰事件可能造成的影响。

对于随机网络而言，无论是随机故障还是蓄意攻击，只要移除的节点以及与之相连边的比例超过一定的阈值(约0.28),网络中的最大连通分支中的节点比例将近似为0[190]。随机网络可以利用渗流理论(Percolation)精确描述,因此可以利用渗流理论给出随机网络遭遇蓄意攻击和随机故障后的解析结果[193]。从图3-16可以看出,在MODEN中这种情形发生了变化。MODEN是无标度网络,在遭受随机故障时,阈值现象几乎消失,随着随机移除的节点比例的增加,极大连通分支中的节点比例只是缓慢地减少,只有当绝大多数节点被移除后,网络才会最终解体,丧失连通性。MODEN网络遭受蓄意攻击时,与随机网络类似,也表现出阈值现象,只是阈值很小,MODEN中只失去前三个节点,网络效率就出现大幅度下降。MODEN对于随机移除策略表现出健壮性和鲁棒性,而对于选择性移除策略则显得异常脆弱,MODEN展现出"鲁棒但又脆弱"的特性。

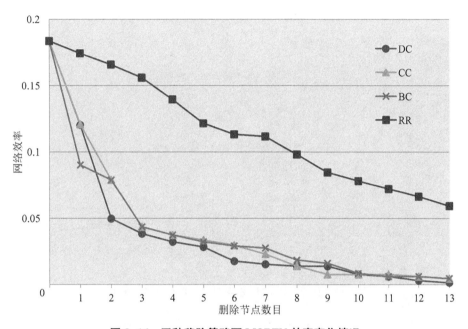

图3-16 四种移除策略下MODEN效率变化情况

从图3-16可知,SR攻击方式下的三种节点移除策略,即基于DC移除策略、基于CC移除策略和基于BC移除策略给MODEN带来的网络效率降低程度差异性并不是非常明显,特别是在节点失去的数量超过10个(约占总节点数量的38.46%)之后,MODEN的网络效率已经降到很低,剩余的节点之间建立的联系已经很少,再移除这些节点对于网络的连通性而言已无法造成多大的影响。不过,相比而言,基于BC的移除方式一开始能给MODEN造成的打击最大,网络效率下降的效果最明显,速度最快,而基于DC的移除方式在中期给MODEN带来的连通性变化最大,基于CC的移除方式与基于DC的移除方式让MODEN网络效率下降的趋势相近,但效果不如基于DC的移除方式理想。总的来说,对降低MODEN网络效率而言,基于BC的移除方式略好于基于DC的移除方式,但都要好于基于CC的移除方式,即BC>DC>CC。在削弱MODEN连通性和降低网络效率方面,SR移除策略已经被证实是优于RR移除策略,而在SR移除策略中基于BC的移除方式能够让MODEN的网络效率以最快速度下降。因此,控制地铁干扰事件的蔓延,降低干扰事件对地铁运行的影响,需要首先关注MODEN中介数值高的节点,如DE_{13}(火灾)、DE_6(拥挤)、

DE_{24}(车辆故障)、DE_7(脱轨)等,防范这些干扰事件及其衍生和级联事件。

以上对 MODEN 中节点的移除策略都是按照原始网络各节点中心性指标的重要程度排序的。而在实际操作过程中,删除某个节点后,剩余节点的中心性指标的排序会出现变化。因此接下来以 RA 方式对节点的中心性指标进行排序,由于基于 CC 的移除方式与基于 DC 的移除方式相似,并且效果并没有基于 DC 的移除方式好,故选取 RA 方式下的基于 BC 和基于 DC 的中心性指标,对它们进行重新排序,并记为 RB 移除策略和 RD 移除策略。基于原始网络的 BC 和 DC 排序方式则称为 IB 移除策略和 ID 移除策略。同样选择 10 个移除节点,ID、RD、IB、RB 四种策略下的仿真结果分别如图 3-17 和图 3-18 所示。

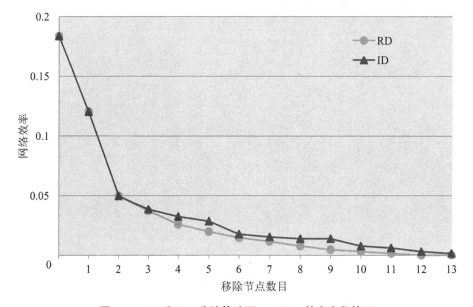

图 3-17　ID 和 RD 移除策略下 MODEN 效率变化情况

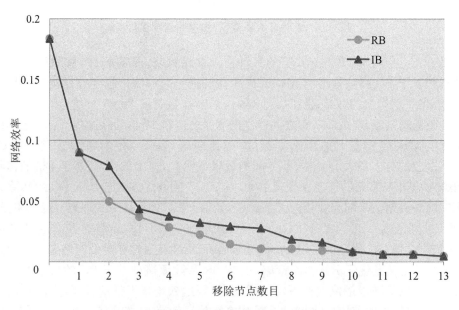

图 3-18　IB 和 RB 移除策略下 MODEN 效率变化情况

显而易见，图 3-17 和图 3-18 表明无论是基于 DC 的移除策略还是基于 BC 的移除策略，RA 方式都要比 IA 方式对 MODEN 造成的影响大，网络效率变化的速率更快。此外，IB 与 RB 的差异性及网络效率的波动程度较 ID 与 RD 更为明显。RB 移除策略下，MODEN 网络通信效率的衰退速度在前期得以进一步提升。而 RD 移除策略下，MODEN 网络效率的下降速度在后期更为优异，在移除网络第 12 个节点后，MODEN 的网络效率变为 0，此时网络中的剩余节点变为彼此完全不相关的孤立节点。RD 和 RB 移除策略下，对 MODEN 的仿真结果如图 3-19 所示，这两种移除方式与基于原始网络移除策略下的仿真结果保持一致，同样是 BC 策略让网络前期变化更快，DC 策略让网络后期衰减效果更好。鉴于此，要降低地铁系统运行脆弱性，提升地铁运行安全水平，采取 RA 移除方式是最理想也是效果最好的策略。在资源有限的情况下，应当首先防范 MODEN 中介数较高的地铁运营干扰事件，而资源充足，人力、物力、财力都允许的状况下，需要对移除介数较高节点后的 MODEN 进一步排查，以度数为基准逐个对其余的地铁运营干扰事件建立必要的防护措施。

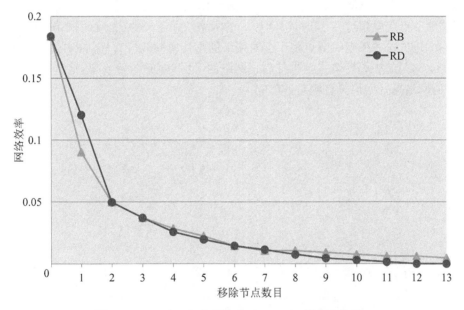

图 3-19　RD 和 RB 移除策略下 MODEN 效率变化情况

不论是何种移除策略，DE_{13}（火灾）和 DE_{24}（车辆故障）对于 MODEN 网络效率的影响都是位于前列的。毫无疑问，火灾是地铁运营过程中最为危险的因素，吸烟、电气故障、爆炸都可能会导致火灾的出现，而明火的出现还可能引发窒息、中毒、拥挤等次生和衍生灾害。2003 年 2 月 18 日发生的韩国大邱地铁纵火案中，由于列车座位采用易燃且会产生有毒气体的物料，燃烧起来后散发出大量含有有毒成分的浓烟，很多乘客跑出车厢后找不到出口，吸入这些浓烟窒息而死。此外，地铁乘客众多，也没有专业人员疏导，乘客在疏散过程中出现拥挤、踩踏的现象，使得这次灾难的伤亡增大。为应对地铁火灾，地铁系统应该配备先进和齐全的火灾自动报警系统（Fire Alarm System，FAS），地铁车站安装智能烟感探头并设有与外部消防车接口的消防栓，地铁列车装备紧急照明、通风和供电系统以及自动水喷淋装置，从而加大地铁系统对火灾的抵御能力。

地铁车辆作为与乘客产生最多交互作用的界面，是技术含量高且集中的机电设备，其造型和技术参数不仅是确定线路技术标准的基础，也是确定系统运营管理模式和维修方式的基本条件。一旦地铁车辆系统出现故障，将很大概率引起地铁事故。比如车门故障会导致乘客夹伤，制动故障造成速度太快引发地铁列车脱轨。因此，地铁日常运营过程中，应当加强对地铁车辆的检修力度，排除可能的隐患，提升车辆系统的运行可靠性。

不同移除策略给 MODEN 网络效率带来的影响，考虑的都是网络失去了半数规模的节点，对不同规模移除节点对 MODEN 的影响却未做深入探讨。随着节点移除比例的增加，网络中连接节点的边也会随之减少，节点需要经过更多的边才能到达另一节点，节点间的路径长度明显增加，最终导致网络效率显著下降。图 3-20 给出了 MODEN 网络效率随着移除规模增大的变化曲线，移除策略采用的是效果最为理想的基于 RD 和基于 RB 的删除方式。从图中可以看出，随着移除节点规模的增大，网络效率的降低程度变小。网络效率的变化程度存在着明显的拐点，拐点出现在移除节点规模约为 10% 处，当移除节点数目少于 10% 时，网络效率急剧下降，当移除节点规模在 10% 到 40% 之间时，网络效率下降速度大幅减弱，当移除节点规模超过 40% 时，MODEN 的网络效率已经触底，此时网络中的节点几乎全部为孤立节点，这些孤立的节点将不会对网络的整体协同效应有任何影响。可以说，占网络结构中 11.54% 的中心性节点至少控制了网络的 79.76% 的初始效率，这些中心性节点对 MODEN 的网络拓扑结构具有绝对的影响力。

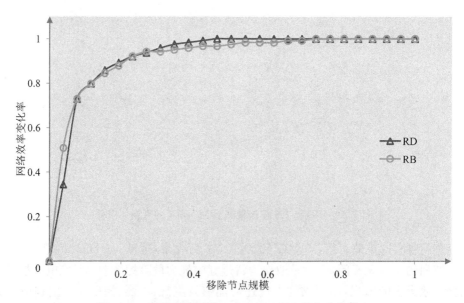

图 3-20　不同移除规模下 MODEN 网络效率变化情况

3.5　本章小结

本章对地铁系统干扰源复杂特性进行了剖析，首先通过对地铁运营事故的整理和分析，归纳出 26 类地铁运行干扰事件，利用事件链明确了干扰事件之间的关系，以此为基础构建出地铁运营干扰事件网络。运用复杂网络理论研究 MODEN 的静态特性和动态特性。根据网络密度、度、平均路径长度和聚类系数四个基本统计指标,对 MODEN 的静态特性进行了解析,发现 MODEN 既有小世界特性也具备无标度特性。利用节点中心性指标对 MODEN 节点的重要度进行了排序,通过移除网络中的重要节点考察节点对网络的重要程度。从对 MODEN 的动态仿真分析结果可以看出,MODEN 的小世界和无标度特性让网络对随意攻击具有鲁棒性,对蓄意攻击具有脆弱性。在蓄意攻击中,RA 移除策略要优于 IA 移除策略,基于 DC 和 BC 中心性指标的移除策略要优于基于 CC 中心性指标的移除策略,基于 BC 的移除策略在前期效果更好,基于 DC 的移除策略在后期更为理想。因此,提高地铁系统运行可靠性,降低 MODEN 效率最有效的手段是以 RA 方式首先移除介数较高的运营干扰事件,然后移除剩余节点中度数较高的运营干扰事件。因此需要有意识地控制 MODEN 中的枢纽干扰事件,这样才能提高地铁运营安全水平。

4 基于 ISM 与 MICMAC 的地铁系统运行脆弱性影响因素作用机制研究

MOV 作为地铁系统自身的属性,决定了地铁系统对干扰事件的敏感程度,MOV 一旦被激发,引起地铁事故,将会给地铁系统带来灾难性后果,造成巨大的人员和财产损失。地铁系统运行之所以如此脆弱,不仅源于地铁运营面临着复杂多变的干扰源,更因为地铁系统自身缺乏一定的承载能力,而系统承载能力受诸多方面的影响,这些脆弱因素共同决定了地铁系统运行的脆弱程度。本章将通过解释结构模型和交叉矩阵相乘分析法,对这些脆弱性影响因素进行分层和分类,认识它们之间的联系并揭示它们对地铁系统的作用机制,为提升地铁系统运营安全水平、降低地铁系统的运行脆弱性提供管控重点以及应对策略。

4.1 解释结构模型与交叉影响矩阵相乘分类法

4.1.1 解释结构模型与交叉影响矩阵相乘分类法理论概述

解释结构模型(Interpretative Structural Modeling,ISM)[194]由美国学者 Warfield 于 1973 年提出,是为分析复杂系统整体结构而创立的一种模型化技术和方法,它综合运用了离散数学、图论、社会科学以及集合论。它首先把复杂的系统分解成若干个子系统或要素,根据专家的经验和知识,明确各要素之间的关系,这些关系可能是直接关系、间接关系,也有可能是层次关系、并列关系,然后应用有向图来描述系统要素之间的关系,再借助图论中的关联矩阵将这些关系定量化表达出来,最后借助电子计算机的辅助,构建出一个多级梯阶、层层递进的结构模型,该模型能清晰明了地展示系统要素之间的相互关系。

ISM 属于概念模型,它最大的优点是经过互动式的学习过程,借助数学推理,可以利用这种方法对因素众多、外显层级结构不明确的复杂系统进行层级化构造,生成一个容易理解的结果关系模型。这种将模糊不清的思想、看法转化为直观的具有良好结构关系的模型的方式,能够使众多元素间错综复杂的关系层次化、条理化,从而更好地为系统管理者提供决策支持。作为一种用于确定系统中要素间复杂关系的顺序和方向的工具,ISM 的应用领域十分广泛。

Agarwal 等人将 ISM 应用在供应链管理中,以提高供应链系统的敏捷度[195]。Mohammed 等则对适应-精益-敏捷价值链形成的影响要素进行了研究,利用 ISM 建立了要素之间的层次关系,认为外包是形成该价值链的最主要的障碍[196]。李靖和张永安为进一步研究物流网络成员协同的机理,将 ISM 引入其影响因素之间关系的定性研究,并进行实证[197]。田彦清等运用 ISM 有效构建了作业场所风险影响因素的结构,直观地反映出各影

4 基于 ISM 与 MICMAC 的地铁系统运行脆弱性影响因素作用机制研究

响因素间的层次关系[198]。李乃文等为研究矿工习惯性违章行为的影响因素及其作用模式,采用 ISM 分析了因素之间的关系,得出安全生产投入、安全教育培训、个体心理状况、个人安全意识和安全管理制度是主要影响因素[199]。许晶等建立了全体性事件 45 种诱发因素的解释结构模型,理清了诱发因素之间的逻辑关系,揭示了群体性事件的根源和具体诱发因素[200]。蔡建国和赛云秀为有效预防和控制棚户区改造项目实施过程中的风险,借助 ISM 构建了风险因素间的关系结构和层级结构,找到了影响棚改项目的直接因素、间接因素和根本因素[201]。

交叉影响矩阵相乘分类法(Cross Impact Matrix Multiplication Applied to Classification, MICMAC)[202]是由法国学者 Duperrin 和 Godet 在 1973 年提出的一种用来分析系统中因素之间相互关系、相互作用的系统化方法。它主要是根据隐藏或者间接的关系来对各变量进行分类,运用系统中因素的反应路径和层次循环来研究因素间相互关系的扩散性及评估因素之间的影响程度。

MICMAC 方法主要应用了矩阵相乘的原理,其基本思路是如果变量 x 直接影响变量 y,而变量 y 对变量 z 又有直接影响,那么任何影响变量 x 的改变都能反映到变量 z 上,对 z 造成影响,也就是说,x 与 z 之间有间接影响关系。在由直接关系生成的二元矩阵 A 中,存在许多要素 x 到要素 z 的间接关系,而这些间接关系却无法直接反映在矩阵 A 中。当矩阵进行平方运算时,可以得到 x 与 z 的二阶关系,此时这种间接关系才会反映出来。同样的,当矩阵依次进行 3 次、4 次、5 次,甚至 n 次相乘运算后,可以找到某些要素间存在的 3 阶、4 阶、5 阶,甚至 n 阶相互关系。当矩阵相乘迭代达到一定的程度时,在下一次迭代产生的矩阵与上一次矩阵相乘结果相同时,就达到了稳定状态,所有的间接关系都反映在了矩阵之中,此时的矩阵被称作稳定的间接矩阵。

进行 MICMAC 的主要目的是通过对不同影响因素的驱动力和依赖性进行分类,分析复杂系统中要素间的影响和依存关系。通过找出要素中哪些是驱动力要素,哪些是依赖要素,依据不同特点找出管理和干预的重点,从而提出相应的策略。驱动力指的是系统中该要素对其他要素的影响程度,体现了从该因素到其他因素间的路径和循环长度;依赖性指的是指系统中该因素受到其他因素的影响程度,体现了其他因素到该因素之间的路径和循环长度。

MICMAC 的分析结果可以通过坐标轴形象地表示出来,该坐标轴被称为驱动力-依赖性矩阵,其中横坐标代表依赖性,纵坐标代表驱动力。根据得到的驱动力和依赖性,所有的要素被划分为四个集群:Ⅰ.自发,Ⅱ.依赖,Ⅲ.联动,Ⅳ.独立,如图 4-1 所示。

第一集群由自发变量组成,是驱动力和依赖性都较弱的要素,这些要素和系统中其他因素的关联很少,甚至没有关联,但是如果有关联,那么关联性可能比较强。

第二个集群由依赖变量组成,是驱动力较弱但依赖性较强的要素,这些要素通常和系统联系可能比较紧密。

第三集群由联动变量组成,是驱动力和依赖性都

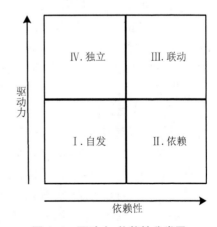

图 4-1 驱动力-依赖性分类图

比较强的因素,由于这些因素对整个系统有较强的连接作用,而且因素之间会相互影响,与这些要素有关的改变都会对其他要素产生影响,反过来又再次对它们本身产生影响,这种自身反馈的效应会将最初的动机予以放大,因此这些要素是不稳定的,应该比其他因素投入更多的研究。

第四个集群由独立变量组成,是驱动力较高但依赖性较弱的要素组成。对这类因素的关注能在很大程度上减缓其他因素对系统的影响作用,达到事半功倍的效果,它们是系统其他因素起作用的基本条件。

MICMAC 中稳定的间接矩阵与 ISM 中最终的可达矩阵相同,很多学者便将 ISM 与 MICMAC 结合起来使用,并取得理想的效果,因此它们被应用到很多地方,如简化复杂问题,描绘复杂系统,认知新的领域等。D. Vivek 等将 ISM 与 MICMAC 应用在企业的境外生产之上,找到了企业能够在同类别公司中脱颖而出的影响因素[203]。Lee 等为了满足不同的界面设计需求,提高界面设计效率,开发出一个集成 QFD、ISM 和 MICMAC 的三阶段分析法,并通过案例说明该方法的有效性[204]。Guo 等结合 ISM 与 MICMAC 对学生运用技术手段学习的动力进行了研究,为管理者和研究者提供了理论和实践上的指导[205]。Khan 和 Haleem 构建了集成 ISM 和模糊 MICMAC 模型,运用该模型找到了组织进行智能转变的动力[206]。牟能冶等将 ISM 和 MICMAC 应用在绿色供应链领域,为其实施提供了科学依据[207]。魏道江等建立了知识共享影响因素的 ISM 模型,并运用 MICMAC 对因素进行了分类,找出了决定知识共享能否实现的最根本原因和最直接原因[208]。赵会茹等以电网公司运营预警为研究对象,应用 ISM 和 MICMAC 对预警指标进行了分析,识别出了电网公司应该注意的重点[209]。

4.1.2 集成 ISM 和 MICMAC 方法的基本步骤

一般来说,实施 ISM 和 MICMAC 分析的工作程序包含以下几个过程:

(1) 组建研究小组

根据所要研究的对象,找出该领域的专家、学者,由此组成研究小组,这些专家与学者除了要对该领域有充分的认识和了解外,尽可能保证小组成员间能持有不同的观点,以此来降低研究的主观性,使研究成果更加科学和客观。

(2) 确定系统因素集

由于小组成员看待问题的角度不同,因此尽可能多地收集对系统有影响的潜在因素,并生成影响因素的明细表,再经研究小组成员反复讨论和研究后,合理选择并最终确定系统因素集。确定因素集的方法有很多,比如头脑风暴、文献综述、采访调研等等。最后,记第 i 个影响因素为 F_i,确定的 n 个因素集合为 S,$S=\{F_i | i=1,2,\cdots,n\}$。

(3) 建立意识模型

系统因素集合确定之后,根据研究的具体情况和因素的特点,确定集合中各因素之间的二元关系,描述二元关系的词语来自以下描述:取决于,导致,影响,增大,降低等。在判断两个因素(F_i 对 F_j)之间是否存在直接的二元关系后,结果通过 4 个符号展示出来:

1. V——因素 F_i 对 F_j 有直接作用;
2. Λ——因素 F_j 对 F_i 有直接作用;
3. X——因素 F_i 和 F_j 相互影响,相互作用;
4. O——因素 F_i 和 F_j 互不相关。

(4) 计算可达矩阵

用由 1 和 0 组成的邻接矩阵来替代 V、Λ、X、O 表示因素间的直接关系,生成的二元矩阵即为初始可达矩阵。所应用的替代规则如下:

1. 如果 F_i 与 F_j 的二元关系为 V,那么在邻接矩阵中对应的 $(i,j)=1$,$(j,i)=0$;
2. 如果 F_i 与 F_j 的二元关系为 Λ,那么在邻接矩阵中对应的 $(i,j)=0$,$(j,i)=1$;
3. 如果 F_i 与 F_j 的二元关系为 X,那么在邻接矩阵中对应的 $(i,j)=1$,$(j,i)=1$;
4. 如果 F_i 与 F_j 的二元关系为 O,那么在邻接矩阵中对应的 $(i,j)=0$,$(j,i)=0$。

根据因素传递性的特点,利用式(4-1)计算最终的可达矩阵 M:

$$(A+I) \neq (A+I)^2 \neq \cdots \neq (A+I)^r = (A+I)^{r+1} = M \quad (4-1)$$

式中:A 为邻接矩阵;I 为单位矩阵;r 为运算次数。

所谓传递性就是,在邻接矩阵中,如果元素 i 可以找到一条长度为 1 的路径到达元素 j,元素 j 可以找到一条长度为 1 的路径到达元素 k,那么元素 i 可以通过元素 j 到达元素 k。也就是说,如果元素 i 对元素 j 有直接影响,元素 j 又对元素 k 有直接影响,那么元素 i 则对元素 j 有影响。传递性可以运用布尔运算法则予以实现。系统各因素间所有直接和间接关系将都能够在最终的可达矩阵中反映出来。

(5) 划分可达矩阵

可达矩阵的层次化处理就是将所有因素划分为不同层次,以便更清晰地了解各因素之间的层次关系。划分可达矩阵前,首先要罗列出每个因素的可达集、先行集和共同集。对于可达集、先行集和共同集的定义如下:

可达集 $R(F_i)$ ——因素 F_i 可以到达的因素集合,是在可达矩阵 M 的元素 F_i 所对应的行中,所有包含元素 1 的列元素的集合,即 $R(F_i) = \{F_j | F_j \in F, (i,j)=1\}$。

先行集 $A(F_i)$ ——可以到达因素 F_i 的因素集合,是在可达矩阵 M 的元素 F_j 所对应的列中,所有包含元素 1 的行元素的集合,即 $A(F_j) = \{F_i | F_i \in F, (j,i)=1\}$。

共同集 $I(F_i)$ ——可达集与先行集的交集,即 $I(F_i) = R(F_i) \cap A(F_i)$。

层级划分和具体的迭代过程根据式(4-2)生成:

$$L_i = \{F_j | F_j \in F - L_0 - L_1 - \cdots - L_{i-1}, R(F_j) = A(F_j)\} \quad (4-2)$$

其中,$i=1,2,\cdots,l$;$l \leqslant n$;$L_0 = \varnothing$。

首先将第一次得到的因素放置于第一层,然后将因素所在的行与列从可达矩阵中划去,在余下的矩阵中确定第二层的因素。依此类推,直到所有的因素都进行了划分。最终得到层次数等于式(4-2)中的运算次数,并应该小于因素的总个数。

(6) 绘制解释结构模型

可达矩阵进行层次化处理之后,将各因素放置于相应层级,第一层的因素放置于最上层,第二层的因素放在第二层,依此类推,最后一层的因素放置于最底层。之后确定各层级要素之间的关系,先考虑第一层与第二层元素之间的直接关系,参照可达矩阵,对于有关系的要素,用有向箭头表明它们之间的关系;再考虑第二层与第三层、第三层与第四层,直到倒数第二层与最底层。

之后考虑非相邻层次元素之间的关系,首先考虑层次间隔为 2 的,如果第一层与第三层元素之间的关系无法经过第二层的元素达成,那么该关系需要通过有向箭头表示出来;如果能够,那么该关系不需要另外表示。同理,第二层与第四层元素之间的关系也参照上述步骤进行验证。当全部间隔为 2 的层次关系都完成后,考虑层次间隔为 3 的,依此类推,直到对最上面一层与最下面一层元素完成验证后,就可以得到整个系统的结构模型图,在结构模型的要素上填入相应的要素名称,即为解释结构模型。

(7) 校验模型

将得到的解释结构模型与已有的意识模型进行对比,如果不相符合或有错误,返回步骤(2)对有关要素、二元关系和解释结构模型进行修正。如果两者相符并且没有错误,则该模型即为最终的解释结构模型。

(8) 生成驱动力——依赖性分类图

最后,从最终解释结构模型所对应的可达矩阵中,获取各因素驱动力和依赖度的值。记 $t_{ij}(i,j=1,2,\cdots,n)$ 为可达矩阵 M 中各项的值,每个因素的驱动力表示该因素对其他因素的综合影响程度,驱动力的大小为该元素所在行的各项的总和,可以通过式(4-3)获得;每个因素的依赖度表示该因素受到其他因素的综合影响程度,依赖度的大小为该元素所在列的各项的总和,可以通过式(4-4)获得。

$$D_i = \sum_{j=1}^{n} t_{ij}(i=1,2,\cdots,n) \quad (4-3)$$

$$R_j = \sum_{i=1}^{n} t_{ij}(j=1,2,\cdots,n) \quad (4-4)$$

以依赖度为横坐标,驱动力为纵坐标,将每个因素的驱动力和依赖度的值填入坐标中,即可获得该系统的影响因素的驱动力-依赖度分类图。

整个集成 ISM 和 MICMAC 方法的实施流程如图 4-2 所示。

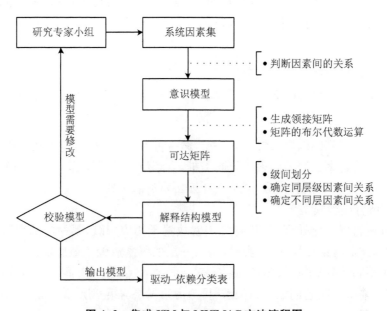

图 4-2 集成 ISM 与 MICMAC 方法流程图

4.2 基于 ISM 和 MICMAC 的地铁脆弱性因素分析

针对基于 HHM 方法识别出的 20 个地铁系统脆弱性影响因素,进一步识别它们直接的关系以明确它们对地铁系统的作用机理。识别因素之间的关系可以通过问卷调查或专家访谈获得,由于地铁系统脆弱性是相对较为抽象的概念,且影响因素之间的关系是一种主观的认知,因此采取问卷调查取得的数据将不如专家访谈来得精确和客观,故本书采用专家访谈获取因素之间的影响关系。专家访谈于 2016 年 9 月至 2016 年 10 月间进行,共邀请 15 位有经验的专家进行深度交流,其中来自高校的专家 5 位,来自地铁运营部门的专家 10 位,详细信息见表 4-1。专家们的丰富经验为地铁系统脆弱性影响因素间关系的确定奠定了可靠的基础。

表 4-1 地铁专家信息清单

编号	访谈日期	采访对象	工作年限	编号	访谈日期	采访对象	工作年限
1	2016年9月	地铁车站人员	3年	6	2016年9月	车辆中心负责人	4年
2	2016年9月	地铁司机	6年	7	2016年10月	控制室员工	6年
3	2016年9月	通号中心员工	4年	8	2016年10月	维修中心员工	5年
4	2016年9月	供电中心员工	3年	9	2016年10月	培训中心员工	5年
5	2016年9月	安保中心员工	5年	10	2016年10月	运营管理负责人	7年

4.2.1 基础数据的获取

15 位专家首先对识别出的 20 个影响因素进行二次筛选,剔除了其中一个普遍认为相对不重要的影响因素(车站布局),剩下 19 个影响因素用于接下来的分析,具体如表 4-2 所示。

表 4-2 最终地铁系统脆弱性影响因素

编号	地铁系统脆弱性影响因素	编号	地铁系统脆弱性影响因素
F_1	人员技术业务水平	F_{11}	安全投入
F_2	人员的安全意识	F_{12}	教育培训
F_3	人员的自身素质	F_{13}	规章制度
F_4	人员的身心状态	F_{14}	组织架构
F_5	设备设施的状态	F_{15}	路网拓扑结构
F_6	设备设施的性能	F_{16}	设备设施关联性
F_7	设备设施的防护	F_{17}	应急管理计划
F_8	自然环境	F_{18}	应急处置效率
F_9	社会环境	F_{19}	应急资源保障
F_{10}	运营环境		

为了提高结果的准确度,共经过3轮访谈以获取因素间的直接影响关系。第一轮,15位专家单独对影响因素间的联系进行识别,根据专家调查的首轮结果,由式(4-5)确定因素之间的关系,若超过10位(包括10位)专家认为脆弱因素F_i对F_j有直接影响,则$a_{ij}=1$;若低于5位专家(包括5位)专家认为脆弱因素F_i对F_j有直接影响,则$a_{ij}=0$,最后共确定142对因素间的直接作用关系。

$$a_{ij}=\begin{cases}1 & 超过67\%的专家认为脆弱因素F_i对F_j有直接影响\\0 & 低于33\%的专家认为脆弱因素F_i对F_j有直接影响\end{cases} \quad (4-5)$$

第二轮,对超过5位低于10位专家认可因素间存在的直接影响进行再判断,即对剩余的29对关系进行再次访谈,经过第二轮访谈,剩余29对关系得以全部确定。第三轮,将前两轮访谈的结果予以输出,邀请部分专家对结果进行检验,专家较为认同判断结果,比较符合实际情况,能够作为脆弱因素间关系的最终判定结果。

4.2.2 地铁系统脆弱性影响因素的ISM模型

根据专家研究小组的讨论结果,建立如表4-3所示的意识模型,V代表着行元素影响着列元素,Λ代表列元素对行元素有影响作用,O则代表着行元素与列元素之间没有联系。

表4-3 意识模型

因素	F_1	F_2	F_3	F_4	F_5	F_6	F_7	F_8	F_9	F_{10}	F_{11}	F_{12}	F_{13}	F_{14}	F_{15}	F_{16}	F_{17}	F_{18}	F_{19}
F_1		O	Λ	Λ	V	O	O	O	O	O	O	Λ	O	O	O	O	O	V	O
F_2			Λ	Λ	O	O	V	O	O	V	O	Λ	O	O	O	O	O	V	O
F_3				O	O	O	O	O	O	O	O	Λ	O	O	O	O	O	O	O
F_4					O	O	O	O	Λ	O	O	O	O	O	O	O	O	O	O
F_5						O	Λ	Λ	O	O	O	O	O	O	O	O	O	O	O
F_6							O	O	Λ	O	O	O	O	O	O	O	O	O	O
F_7								O	Λ	O	O	O	O	O	O	O	O	O	O
F_8									O	O	O	O	O	O	O	O	O	O	O
F_9										V	O	O	O	O	O	O	O	O	O
F_{10}											O	O	O	O	O	O	O	O	O
F_{11}												V	O	O	O	O	O	O	V
F_{12}													Λ	O	O	O	O	V	O
F_{13}														O	O	O	O	O	O
F_{14}															O	O	O	V	O
F_{15}																			
F_{16}																	O	O	O
F_{17}																		V	O
F_{18}																			Λ
F_{19}																			

4 基于 ISM 与 MICMAC 的地铁系统运行脆弱性影响因素作用机制研究

将地铁系统脆弱性影响因素作为节点,因素之间的关系作为有向边,意识模型可以更为形象地表示为图 4-3。从图中可以看出,19 个影响因素之间共有 25 对单向关系,没有双向关系。F_{15}(路网拓扑结构)、F_{16}(设备设施关联性)两点完全独立,也就是说路网拓扑结构和设备设施关联性与其他影响因素之间没有任何联系,F_{18}(应急处置效率)与其他因素之间建立了最多的联系。不过这种建立的联系越多,影响因素的作用范围越广,不一定说明该因素对于地铁系统越重要。有些深层和根本影响因素,直接作用的范围有限,但对于地铁系统而

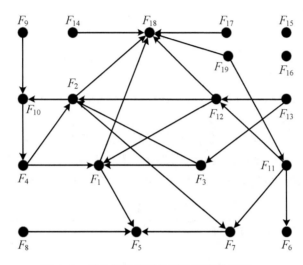

图 4-3 地铁系统脆弱性影响因素关系图

言却是最重要的,而这种处于底层的影响因素对地铁系统的重要性在图 4-3 并无法反映出来。依据图 4-3 建立的意识模型,建立对应的邻接矩阵 $\boldsymbol{A}$,如表 4-4 所示,其中影响因素与自身被定义为有联系,相应的元素为 1,列表中其他元素则参照替换规则生成。

表 4-4 邻接矩阵

因素	F_1	F_2	F_3	F_4	F_5	F_6	F_7	F_8	F_9	F_{10}	F_{11}	F_{12}	F_{13}	F_{14}	F_{15}	F_{16}	F_{17}	F_{18}	F_{19}
F_1	1	0	0	0	1	0	0	0	0	0	0	0	0	0	0	0	0	1	0
F_2	0	1	0	0	0	0	1	0	1	0	0	0	0	0	0	0	0	1	0
F_3	1	1	1	0	0	0	0	0	0	0	0	0	0	0	0	0	0	0	0
F_4	1	1	0	1	0	0	0	0	0	0	0	0	0	0	0	0	0	0	0
F_5	0	0	0	0	1	0	0	0	0	0	0	0	0	0	0	0	0	0	0
F_6	0	0	0	0	1	1	0	0	0	0	0	0	0	0	0	0	0	0	0
F_7	0	0	0	0	1	0	1	0	0	0	0	0	0	0	0	0	0	0	0
F_8	0	0	0	0	1	0	0	1	0	0	0	0	0	0	0	0	0	0	0
F_9	0	0	0	0	0	0	0	0	1	1	0	0	0	0	0	0	0	0	0
F_{10}	0	0	0	1	0	0	0	0	0	1	0	0	0	0	0	0	0	0	0
F_{11}	0	0	0	0	1	1	0	0	0	0	1	1	0	0	0	0	0	0	1
F_{12}	1	1	0	0	0	0	0	0	0	0	0	1	0	0	0	0	0	1	0

续　表

因素	F_1	F_2	F_3	F_4	F_5	F_6	F_7	F_8	F_9	F_{10}	F_{11}	F_{12}	F_{13}	F_{14}	F_{15}	F_{16}	F_{17}	F_{18}	F_{19}
F_{13}	0	0	1	0	0	0	0	0	0	0	0	1	1	0	0	0	0	0	0
F_{14}	0	0	0	0	0	0	0	0	0	0	0	0	0	1	0	0	0	1	0
F_{15}	0	0	0	0	0	0	0	0	0	0	0	0	0	0	1	0	0	0	0
F_{16}	0	0	0	0	0	0	0	0	0	0	0	0	0	0	0	1	0	0	0
F_{17}	0	0	0	0	0	0	0	0	0	0	0	0	0	0	0	0	1	1	0
F_{18}	0	0	0	0	0	0	0	0	0	0	0	0	0	0	0	0	0	1	0
F_{19}	0	0	0	0	0	0	0	0	0	0	0	0	0	0	0	0	0	1	1

获得了邻接矩阵 A，根据式(4-1)共进行五次迭代就可以求出对应的可达矩阵 M，具体如下式：$(A+I) \neq (A+I)^2 \neq (A+I)^3 \neq (A+I)^4 \neq (A+I)^5 = (A+I)^6 = M$，可达矩阵 M 如表 4-5 所示，为了与原有影响因素之间的关系区别开来，通过运算规则得到的影响因素之间的关系用 1* 来表示，由因素之间的传递性所带来的新增联系共有 40 对。此外，经过五次运算获得最终可达矩阵，说明 19 个影响因素将分为五层。

表 4-5　可达矩阵

因素	F_1	F_2	F_3	F_4	F_5	F_6	F_7	F_8	F_9	F_{10}	F_{11}	F_{12}	F_{13}	F_{14}	F_{15}	F_{16}	F_{17}	F_{18}	F_{19}
F_1	1	0	0	0	1	0	0	0	0	0	0	0	0	0	0	0	0	1	0
F_2	1*	1	0	1*	1*	0	1	0	0	1	0	0	0	0	0	0	0	1	0
F_3	1	1	1	1*	1*	0	1*	0	0	1*	0	0	0	0	0	0	0	1*	0
F_4	1	1	0	1	1*	0	1*	0	0	1*	0	0	0	0	0	0	0	1*	0
F_5	0	0	0	0	1	0	0	0	0	0	0	0	0	0	0	0	0	0	0
F_6	0	0	0	0	0	1	0	0	0	0	0	0	0	0	0	0	0	0	0
F_7	0	0	0	0	1	0	1	0	0	0	0	0	0	0	0	0	0	0	0
F_8	0	0	0	0	0	0	0	1	0	0	0	0	0	0	0	0	0	0	0
F_9	1*	1*	0	1*	1*	0	1*	0	1	1	0	0	0	0	0	0	0	1*	0
F_{10}	1*	1*	0	1	1*	0	1*	0	0	1	0	0	0	0	0	0	0	1*	0
F_{11}	1*	1*	0	1*	1*	1	1	0	0	1*	1	1	0	0	0	0	0	1*	1
F_{12}	1	1	0	1*	1*	0	1*	0	0	1*	0	1	0	0	0	0	0	1	0
F_{13}	1*	1*	1	1*	1*	0	1*	0	0	1*	0	1	1	0	0	0	0	1*	0
F_{14}	0	0	0	0	0	0	0	0	0	0	0	0	0	1	0	0	0	1	0
F_{15}	0	0	0	0	0	0	0	0	0	0	0	0	0	0	1	0	0	0	0
F_{16}	0	0	0	0	0	0	0	0	0	0	0	0	0	0	0	1	0	0	0
F_{17}	0	0	0	0	0	0	0	0	0	0	0	0	0	0	0	0	1	1	0
F_{18}	0	0	0	0	0	0	0	0	0	0	0	0	0	0	0	0	0	1	0
F_{19}	0	0	0	0	0	0	0	0	0	0	0	0	0	0	0	0	0	1	1

基于可达矩阵 M，可以表示出每个影响因素的可达集、先行集和共同集，获取处于第一层次的影响因素，具体如表 4-6 所示，其中，可达集与交集相同的灰色背景影响因素即为第一层元素。

表 4-6 第一层影响因素

影响因素	可达集	先行集	交集
F_1	1,5,18	1,2,3,4,9,10,11,12,13,	1
F_2	1,2,4,5,7,10,18	2,3,4,9,10,11,12,13	2,4,10
F_3	1,2,3,4,5,7,10,18	3,13	3
F_4	1,2,4,5,7,10,18	2,3,4,9,10,11,12,13	2,4,10
F_5	5	1,2,3,4,5,7,8,9,10,11,12,13	5
F_6	6	6,11	6
F_7	5,7	2,3,4,7,9,10,11,12,13	7
F_8	5,8	8	8
F_9	1,2,4,5,7,9,10,18	9	9
F_{10}	1,2,4,5,7,10,18	2,3,4,9,10,11,12,13	2,4,10
F_{11}	1,2,4,5,6,7,10,11,12,18,19	11	11
F_{12}	1,2,4,5,7,10,12,18	11,12,13	12
F_{13}	1,2,3,4,5,7,10,12,13,18	13	13
F_{14}	14,18	14	14
F_{15}	15	15	15
F_{16}	16	16	16
F_{17}	17,18	17	17
F_{18}	18	1,2,3,4,9,10,11,12,13,14,17,18,19	18
F_{19}	18,19	11,19	19
$L_1 = \{F_5, F_6, F_{15}, F_{16}, F_{18}\}$			

同理，可以获得处于其他层次影响因素，分别如表 4-7~表 4-10 所示。

表 4-7 第二层影响因素

影响因素	可达集	先行集	交集
F_1	1	1,2,3,4,9,10,11,12,13	1
F_2	1,2,4,7,10	2,3,4,9,10,11,12,13	2,4,10
F_3	1,2,3,4,7,10	3,13	3
F_4	1,2,4,7,10	2,3,4,9,10,11,12,13	2,4,10
F_7	7	2,3,4,7,9,10,11,12,13	7

续 表

影响因素	可达集	先行集	交集
F_8	8	8	8
F_9	1,2,4,7,9,10	9	9
F_{10}	1,2,4,7,10	2,3,4,9,10,11,12,13	2,4,10
F_{11}	1,2,4,7,10,11,12,19	11	11
F_{12}	1,2,4,7,10,12	11,12,13	12
F_{13}	1,2,3,4,7,10,12,13	13	13
F_{14}	14	14	14
F_{17}	17	17	17
F_{19}	19	11,19	19
$L_2 = \{F_1, F_7, F_8, F_{14}, F_{17}, F_{19}\}$			

表 4-8 第三层影响因素

影响因素	可达集	先行集	交集
F_2	2,4,10	2,3,4,9,10,11,12,13	2,4,10
F_3	2,3,4,10	3,13	3
F_4	2,4,10	2,3,4,9,10,11,12,13	2,4,10
F_9	2,4,9,10	9	9
F_{10}	2,4,10	2,3,4,9,10,11,12,13	2,4,10
F_{11}	2,4,10,11,12	11	11
F_{12}	2,4,10,12	11,12,13	12
F_{13}	2,3,4,10,12,13	13	13
$L_3 = \{F_2, F_4, F_{10}\}$			

表 4-9 第四层影响因素

影响因素	可达集	先行集	交集
F_3	3	3,13	3
F_9	9	9	9
F_{11}	11,12	11	11
F_{12}	12	11,12,13	12
F_{13}	3,12,13	13	13
$L_4 = \{F_3, F_9, F_{12}\}$			

表 4-10 第五层影响因素

影响因素	可达集	先行集	交集
F_{11}	11	11	11
F_{13}	13	13	13
$L_5 = \{F_{11}, F_{13}\}$			

至此即完成所有层次的划分,最后依据相应的规则生成地铁系统脆弱性影响因素的解释结构模型,如图 4-4 所示。明显可以看出,脆弱性影响因素的解释结构模型并不是一个互相对称的模型,F_{15}(路网拓扑结构)和 F_{16}(设备设施关联性)依然是独立的,矩阵的运算并没有改变它们的属性。虽然两个因素与其他因素没有联系,但对于研究地铁系统脆弱性而言,这是两个不可忽视的因素。不同拓扑类型的地铁系统也会有着不同的脆弱性[165],而日益集成化的设备设施,使得各子系统的联系变得更加紧密,这无形中使得地铁系统变得更加脆弱[104]。F_5(设备设施的状态)、F_6(设备设施的性能)、F_{18}(应急处置效率)处于解释结构模型的最上层,它们是表层影响因素,对地铁系统影响最直接。F_{11}(安全投入)和 F_{13}(规章制度)处于模型的最底层,是深层影响因素。它们是触摸不到的因素,不容易感知,但越是无形的因素却越应该得到重视。只有具备了充足的安全投入,制定了合理全面的规章制度,地铁的安全运营才能有保障。此外,还可以看出,处于第二层的因素最多,包括 F_1(人员技术业务水平)、F_7(设备设施的防护)、F_8(自然环境)、F_{14}(组织架构)、F_{17}(应急管理计划)和 F_{19}(应急资源保障),这些脆弱性影响因素对地铁系统的作用虽不如第一层的影响因素来得直接,但它们对地铁系统而言也是不可忽略的重要因素,对地铁系统的运行安全有着重要的贡献。在解释结构模型的第三层因素中,F_2(人员的安全意识)、F_4(人员的身心状态)和 F_{10}(运营环境)之间有着双向的联系。舒适的运营环境会让人身心愉悦,而好的身心状态则有利于提高人的安全意识。安全意识越强就越能够发现一些潜在的危险行为或因素,及时

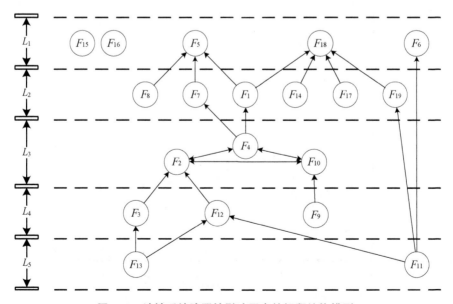

图 4-4 地铁系统脆弱性影响因素的解释结构模型

将其排除能有效促进良好运营环境的形成,它们三者之间是相辅相成的。总体来看,管理方面的因素处于底层,对地铁系统的运行有着潜移默化的影响,设备设施和应急相关因素处于顶层,对地铁系统的运行有着最为直接的重要,这些因素是造成地铁事故发生最直接的因素。

4.2.3 地铁系统脆弱性影响因素的 MICMAC 分类图

从最终的可达矩阵 M 中,根据式(4-3)和式(4-4),可以求得每个地铁系统脆弱性影响因素的驱动力和依赖度,具体如表4-11所示,所有影响因素的驱动力和依赖度总和均为84。

表 4-11 地铁系统脆弱性影响因素的驱动力和依赖度

因素	F_1	F_2	F_3	F_4	F_5	F_6	F_7	F_8	F_9	F_{10}	F_{11}	F_{12}	F_{13}	F_{14}	F_{15}	F_{16}	F_{17}	F_{18}	F_{19}
驱动力	3	7	8	7	1	1	2	2	8	7	11	8	10	2	1	1	2	1	2
依赖度	9	8	2	8	12	2	9	1	1	1	3	1	1	1	1	1	1	13	2

根据表4-11中每个因素的驱动力和依赖度,可以绘制如图4-5所示的地铁系统脆弱性影响因素驱动力-依赖度分类图。脆弱性影响因素可以分成四类:Ⅰ.自发因素、Ⅱ.依赖因素、Ⅲ.联动因素、Ⅳ.独立因素。属于自发因素的脆弱性影响因素最多,独立因素脆弱性影响因素其次,属于联动因素的脆弱性影响因素最少。这从一定程度上说明影响因素之间的关联程度较弱,无法从单个或几个脆弱性影响因素入手,通过控制少数脆弱性影响因素,实现对全部影响因素的控制,以达到提升地铁系统运行安全水平的目的。

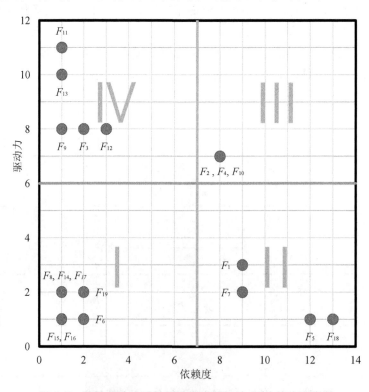

图 4-5 地铁系统脆弱性影响因素的驱动力-依赖度分类图

自发因素包含 F_6（设备设施的性能）、F_8（自然环境）、F_{14}（组织结构）、F_{15}（路网拓扑结构）、F_{16}（设备设施关联性）、F_{17}（应急管理计划）以及 F_{19}（应急资源保障），这些因素与其他因素关联较少，相对独立，因此不容易受到其他因素的影响。依赖因素包含 F_1（人员技术业务水平）、F_5（设备设施的状态）、F_7（设备设施的防护）和 F_{18}（应急处置效率），它们主要处于解释结构模型的最上层，是地铁系统脆弱性最直接的影响因素。联动因素包含 F_2（人员的安全意识）、F_4（人员的身心状态）和 F_{10}（运营环境），是不稳定的影响因素，它们不仅容易变化，而且它们的变化容易带来其他因素的变化。独立因素有 F_3（人员的自身素质）、F_9（社会环境）、F_{11}（安全投入）、F_{12}（教育培训）以及 F_{13}（规章制度），这些因素通常处于解释结构模型的最下层，是影响地铁系统脆弱性最根本的因素，对这些因素予以足够的重视，能够很大程度缓解其他因素对系统的负面影响，因此在地铁的安全管理活动中，这些因素应该予以重点把控。

4.3 本章小结

地铁系统脆弱性影响因素使得地铁系统在面对干扰事件变得比较敏感，系统不够稳健，表现为承载力不足，导致 MOV 容易被激发，造成地铁系统运行事故。本章对地铁系统脆弱性影响因素对地铁系统的作用机制进行了研究，首先邀请 15 位地铁专家对脆弱因素进行筛选，并判断因素间的直接影响关系，综合运用解释结构模型和交叉矩阵相乘分析法，对这些脆弱因子进行了分层和分类。地铁系统脆弱因子可以被划分为五个层次，依据绘制的驱动力-依赖度象限分类图分为自发、依赖、联动和独立四类因素。其中规章制度和安全投入是最底层脆弱因子，隶属于独立因素；人员的安全意识、人员的身心状态和运营环境是中间层脆弱因子，隶属于联动类因素；路网拓扑结构、设备设施的关联性和设备设施的性能是最上层脆弱因子，隶属于自发类因素；设备设施的状态和应急处置效率也处于最上层，但隶属于依赖类因素。这些研究结论揭示出脆弱因子对地铁系统的作用机制，并能够为后续章节展开奠定性的研究基础。

5 基于 SEM 的地铁系统运行脆弱性影响因素重要度评估研究

地铁系统的脆弱性影响因素造成地铁运行具有较强的脆弱性,第 4 章明确了脆弱因素对地铁系统的作用机制,属于对脆弱因素的定性分析。由于影响因素之间的分级作用结构,这些因素对于 MOV 的贡献度必然是不一样的。为了量化各脆弱性影响因素对地铁系统运行脆弱性的贡献度,有必要对地铁系统运行脆弱性影响因素的重要度进行评估。本章将通过问卷调查获取每个影响因素的重要度,基于脆弱因素解释结构模型和 HHM 脆弱因素识别框架,分别构建脆弱因素的一阶和二阶模型,运用结构方程模型对假设的模型进行验证,从而建构地铁系统脆弱性影响因素的重要度评估框架,明确因素间的作用路径,量化每个地铁系统脆弱性影响因素的重要度,为地铁系统的安全运行管理决策提供支持。

5.1 理论基础与方法

5.1.1 统计调查方法

调查研究(Survey Method)是在某一时间(at a single point in time)向一群受访者搜集初级数据的方法,在研究中使用得相当普遍。全体受访者所组成的集合称为总体(Population),单个受访者称为个体(Individuality),从总体中按一定规则抽取一些个体的过程称为抽样(Sampling),所抽得的个体称为样本(Sample)[210]。调查可依据传递信息、获取信息方式的不同分为两种常见的形式:访谈法(Interview)和问卷法(Questionnaire)。

问卷法,又称问卷调查法,是指通过填写问卷或调查表来收集资料的一种方法。具体可分为以下几个步骤:第一步,根据调查目的,确定所需的信息资料。然后在此基础上进行问题的设计与选择。第二步,确定问题的顺序。一般简单的、容易回答的放在前面,逐渐移向难度较大的。问题的排列要有关联,合乎逻辑,便于填卷人合作并产生兴趣。第三步,问卷的测试与修改。在问卷用于实地调研之前,初选一些调查对象进行测试,根据发现的问题进行修改、补充和完善。只要问卷设计、组织得好,问卷法也能够获得真实的答案[211]。

访谈法,一般是研究者口头提出问题并当场记录答案,可以通过面对面的方式,也可以通过电话访谈的方式。访谈按类型可分为结构式、无结构式和半结构式三类,通常以无结构式方式进行,结构式访谈和半结构式访谈属于从属地位,在需要的时候对前者进行补充。问卷法与访谈法的对比分析见表 5-1。

表 5-1　问卷法与访谈法的对比分析

比较内容	问卷法	访谈法
样本数量	大	小
所需时间	短	长
所需成本	低	高
调查形式	纸质问卷、网络问卷	人员访谈、电话访谈
沟通能力	弱	强
记录技术	无	有
资料获得	限于问题的答案选项	易于发散获得深入详尽资料

5.1.2　结构方程模型

结构方程模型(Structural Equation Modeling，SEM)又称协方差结构模型，是在20世纪60年代出现的一种建立、估计和检验因果关系模型的方法。它整合了多元回归分析(Multiple Regression Analysis)、路径分析(Path Analysis)、联立方程(Simultaneous Equation)以及验证性因子分析(Confirmatory Factor Analysis)等多种统计技术，相对于传统的计量研究方法，SEM可以将测量(Measurement)与分析(Analysis)整合为一，通过考察外在表现(观测指标)来了解其实质特征(潜在变量)，是应用线性方程系统表示观测变量与潜在变量之间及潜在变量之间关系的一种有效统计方法[212]。

在SEM当中，变量有两种基本的形态：外显变量(Manifest Variable)和潜在变量(Latent Variable)。外显变量为可直接观察并测度的变量，也称为观测变量(Observed Variable)，是真正被SEM用来分析与计算的基本元素；潜在变量则是不能直接进行观测，需由测量变量所推估出来的变量。沿用路径分析的术语，SEM中的变量又可以区分为内生变量(Endogenous Variable)和外源变量(Exogenous Variable)。内生变量是指模型当中，会受到任何一个其他变量影响的变量，相当于因变量的概念；外源变量则是模型当中不受任何其他变量影响的变量，相当于自变量的概念。因此，SEM中的变量可以对应地区分为内生潜在变量、外源潜在变量、内生观测变量和外源观测变量四种类型[213]。内生变量的一个重要性是具有残差，因为内生变量不一定能够被模型当中的其他变量所完全解释，其他变量解释内生变量的不足之处即为残差。对于观测变量而言，其变量无法被完全解释的残差部分称为测量残差或误差变量(Residual Variable)。

一个完整的结构方程模型可以分为测量方程(Measurement Equation)和结构方程(Structural Equation)两部分。前者系指实际测量变量与潜在特质的相互关系，后者则说明潜在变量之间的关系，构成这两种模型的参数分别称为测量模型参数与结构模型参数。

具体而言，测量方程描述潜变量与显变量之间的关系，通常写成如下方程式：

$$x = \Lambda_x \xi + \delta \quad (5-1)$$

$$y = \Lambda_y \eta + \varepsilon \quad (5-2)$$

式中：x为外源观测变量组成的向量；y是内生观测变量组成的向量；Λ_x是外源观测变量在外源

潜在变量上的因子负荷矩阵；Λ_y 是内生观测变量在内生潜在变量上的因子负荷矩阵；η 为内生潜在变量；ξ 为外源潜在变量；δ 是外源观测变量 x 的误差项；ε 是内在观测变量 y 的误差项。

结构方程主要描述潜在变量之间的关系，通常写成如下表达式：

$$\eta = B\eta + \Gamma\xi + \zeta \tag{5-3}$$

式中：B 是表示结构方程模型中内生潜在变量构成因素之间互相影响的结构系数矩阵；Γ 是表示外生潜在变量对内生潜在变量影响的结构系数矩阵；ζ 为结构方程的残差项。

SEM 的求解是基于变量的协方差矩阵实现的，除测量方程中的参数矩阵 Λ_x、Λ_y 和结构方程中的参数矩阵 B、Γ，还涉及 4 个参数矩阵，即潜变量 ξ 的协方差矩阵 Φ，残差项 ζ 的协方差矩阵 Ψ，ε 的协方差矩阵 Θ_ε，δ 的协方差矩阵 Θ_δ。通过上述 8 个参数，可以推导出总体协方差矩阵 $\Sigma(\theta)$，表示为：

$$\Sigma(\theta) = \begin{bmatrix} \Sigma_{yy}(\theta) & \Sigma_{yx}(\theta) \\ \Sigma_{xy}(\theta) & \Sigma_{xx}(\theta) \end{bmatrix} = \begin{bmatrix} \Lambda_y \tilde{B}(\Gamma\Phi\Gamma + \Psi)\tilde{B}'\Lambda'_x + \Theta_\varepsilon & \Lambda_y \tilde{B}\Gamma\Phi\Lambda'_x \\ \Lambda_x \Gamma\Phi\tilde{B}'\Lambda'_y & \Lambda_x \Phi\Lambda'_x + \Theta_\delta \end{bmatrix} \tag{5-4}$$

如果理论模型为真，则 $\Sigma(\theta)$ 等于总体的真实（但未知的）协方差矩阵 Σ，即 $\Sigma = \Sigma(\theta)$，从而观测变量（包括内生变量和外源变量）的方差和协方差都是模型参数的函数。

一般地，含有 p 个内生变量、q 个外援变量的因果模型为：

$$y = By + \Gamma x + \zeta \tag{5-5}$$

式中：y 是由 p 个内生变量组成的 $p \times 1$ 向量；x 是由 q 个外源变量组成的 $q \times 1$ 向量；B 和 Γ 分别是 $p \times p$ 和 $q \times q$ 系数矩阵，ζ 是 p 个结构方程的残差组成的 $p \times 1$ 残差向量。可以将式(5-5)变形为：

$$y = (I - B)^{-1}(\Gamma x + \zeta) = \tilde{B}(\Gamma x + \zeta) \tag{5-6}$$

相应地，可以将式(5-4)进一步化简为更一般的形式：

$$\Sigma(\theta) = \begin{bmatrix} \tilde{B}(\Gamma\Phi\Gamma + \Psi)\tilde{B}' & \tilde{B}\Gamma\Phi \\ \Gamma\Phi\tilde{B}' & \Phi \end{bmatrix} \tag{5-7}$$

SEM 一般使用最大似然法估计模型（Maximum Likelihood, ML）分析结构方程的路径系数等估计值，因为 ML 法使得研究者能够基于数据分析的结果对模型进行修正，且样本较小时，或者有点不太理想的峰度时，仍然可以获得理想的参数估计数，ML 估计表达为：

$$F_{ML} = tr(S\Sigma^{-1}(\theta)) + \log|\Sigma(\theta)| - \log|S| - (p+q) \tag{5-8}$$

式中：$tr(A)$ 表示矩阵 A 的迹（Trace），即矩阵 A 对角线之和；$\log|A|$ 表示矩阵 A 行列式的对数；S 是全部变量组成的 $(p+q) \times 1$ 向量 $(y', x')'$ 的样本协方差矩阵；$\Sigma(\theta)$ 是由模型推出的协方差矩阵。

SEM 方法的核心在于评价理论假设模型与样本数据是否契合，相比于一般的模型只能给出单个方程的结果评价，SEM 能够得到反映整个模型拟合好坏的统计量——拟合指数。通过不同的拟合指数的计算,可以分析假设模型与实际观察数据的拟合情形。一般对模型拟合度检验会从基本拟合度检验、整体模式拟合度检验和模式内在结构匹配度检验三方面进行。详细的检验指标及标准如表5-2所示。基本拟合度检验会从因子荷载、标准化路径系数以及参数估计值三方面进行。整体模式拟合度检验的相关指标大致可以分为三类:绝对拟合度指标、增值拟合度指标以及简约拟合度指标。模型内在结构匹配度检验主要考察模型潜变量的组合信度以及潜变量平均方差抽取量。如果模型出现拟合不佳,代表所提出的问题导致假设模型无法与观察数据拟合,需在兼顾理论合理性的前提下对假设模型修正,以达到拟合度要求。

表5-2 模型拟合度检验指标及标准

类别		检验指标	检验标准
基本拟合度检验 (Preliminary Fit Criteria)		因子荷载(Factor Loading)	介于0.50~0.95
		标准化路径系数	介于−1~1
		参数估计值 p	达到显著水平
整体模式拟合度检验 (Overall Model Fit)	绝对拟合度指标	卡方自由度比 χ^2/df	<2
		拟合指数 GFI	>0.90
		调整后拟合指数 $AGFI$	>0.80
		残差均方根指数 RMR	<0.05
		平均概似平方误根系数 $RMSEA$	<0.05
	增值拟合度指标	规准拟合指数 NFI	>0.90
		非范拟合指数 $NNFI$	>0.90
		比较拟合指数 CFI	>0.90
		相对拟合指数 RFI	>0.90
		增值拟合指数 IFI	>0.90
	简约拟合度指标	简约拟合指数 $PGFI$	>0.50
		简约调整后规准拟合指数 $PNFI$	>0.50
		临界样本数 CN	>200
模式内在结构匹配度检验 (Fit of Internal Structural of Model)		潜变量组合信度 CR	>0.70
		潜变量平均方差抽取量 AVE	>0.50

5.2 地铁系统运行脆弱性影响因素的重要度调查研究

5.2.1 问卷调查综述

针对地铁系统运行脆弱性影响因素,通过问卷调查的方式判断各影响因素对地铁系统的重要程度。问卷内容分成两个部分。第一部分获取参与调查人员的基本信息,主要包括年龄、工作年限、工作单位性质等;第二部分调查接受问卷调查人员对识别出来的人员、设备设施、环境、管理、结构和应急6个维度的因素对地铁系统运行脆弱性的影响评估,相关的问题采用李克特(Likert)5 点式评量尺度,将问卷的答案分为 5 个等级:"1—可以忽略""2—可能重要""3—重要""4—很重要""5—极其重要"。

本次问卷调查通过纸质问卷、电子问卷和网络问卷等方式发放给地铁运营安全的专家和研究学者,专家主要包括地铁运营公司各部门的职员以及公司管理层人员。调查历时 4 个月,共发放问卷 598 份,回收有效问卷 149 份,回收率 24.92%,其中 35 份问卷来自地铁运营公司,占有效问卷总数的 23.49%,114 份问卷来自研究学者,占有效问卷总数的 76.51%。被调查者工作年限和从事相关研究年限的分布情况如图 5-1 所示,超过 80% 的被调查者有 3 年以上的工作经验和研究经验,这一定程度上确保了问卷调查结果的可信和可靠程度。

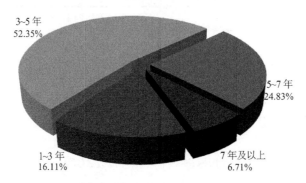

注:图中范围均包括前值,不包括后值。

图 5-1 基于工作年限的被调查者分布情况

问卷调查的结果显示绝大多数的被调查者(占总人数的 65.77%)均经历了地铁运行的隐患事件(见图 5-2),如设备设施故障导致的夹人、列车延误、列车缓行等,少数被调查者经历了地铁系统运行的事故或者了解地铁事故的形成原因,这一定程度上有助于认知地铁系统运行脆弱性的本质,确保了调查问卷结果的准确性和科学性。

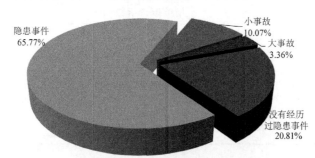

图 5-2 经历地铁运行隐患事件的被调查者情况

5.2.2 数据的预处理和信度效度分析

为保证数据分析的有效性,应当首先对调查问卷的原始数据进行预处理[169],其主要内容包括缺失和异常数据的处理、数据的转换处理等。本次调查所取得的调查问卷,由于均对现场的纸质问卷进行了再次核查以确保了无遗漏,而在网络问卷调查中,如果缺失数据将无法提交系统,因此未发现有遗漏的数据,调查结果的完整性较为理想。

信度(Reliability)指的是测量工具或方法本身的可靠程度,即对同一现象进行重复观察之后是否可以得到相同资料的一种反映[214],主要考察测量结果的稳定性和一致性。不同的测量方式会产生不同类型的信度,如再测信度(Test-retest Reliability)、复本信度(Alternative-form Reliability)、折半信度(Split-half Reliability)、内部一致性信度(Internal Consistency Reliability)等。本书借助克朗巴哈 α 系数(Cronbach's Alpha)来检查问卷的内部一致性信度。一般认为 Cronbach's α 系数值具有以下意义:$\alpha \geqslant 0.9$ 代表可信度非常高;$0.8 \leqslant \alpha < 0.9$ 代表可信度高;$0.7 \leqslant \alpha < 0.8$ 代表信度可接受,如果 $\alpha < 0.7$ 则说明信度存在问题或不可接受[215]。

通过 IBM SPSS Statistics 19 软件中的可靠性分析(Reliability Analysis)工具分批选取受检因素进行检验,得到的结果如表 5-3 所示。各组因素的 Cronbach's α 系数均在可接受的信度范围之内,而问卷整体的 Cronbach's α 系数为 0.908,大于 0.9,说明问卷的信度非常理想。

表 5-3 问卷数据的可靠性分析结果

因素	项数	N	有效率	Cronbach's α 系数	
$HU_1 \sim HU_4$	4	149	100%	0.831	
$FA_1 \sim FA_3$	3	149	100%	0.823	
$EN_1 \sim EN_3$	3	149	100%	0.794	0.908
$MA_1 \sim MA_4$	4	149	100%	0.883	
$ST_1 \sim ST_3$	3	149	100%	0.758	
$EM_1 \sim EM_3$	3	149	100%	0.847	

注:HU 表示人员因素,FA 表示设备设施因素,EN 表示环境因素,MA 表示管理因素,ST 表示结构因素,EM 表示应急因素。

效度(Validity)是指测量工具或手段能够有效测出所需测量的事物的程度。测量的效度越高,表示测量的结果越能表达所想要测量内容的真正特征。一般而言,效度可以分为三种类型:内容效度(Content Validity)、准则效度(Criterion Validity)和结构效度(Construct Validity)。内容效度也称为表面效度或逻辑效度,指的是问卷所设计的题项能否代表所需测量的内容或主题。统计分析主要采用单项与总和相关分析法获得评价结果,即计算每个题项得分与题项总分的相关系数,根据相关是否显著判断是否有效,如果量表中有反意题项,应将其逆向处理后再计算总分。本书设计的问卷并不存在反意题项,故不需要进行逆向处理。通过 IBM SPSS Statistics 19 软件计算单项与综合的相关系数,结果如表 5-4 所示。20 个测项与总和的 Pearson 系数都超过了 0.4 且在 0.01 水平上显著,说明问卷的效度很好。

表 5-4 问卷单项与总和相关效度分析

因素	Pearson 系数	因素	Pearson 系数
HU_1	0.537**	MA_1	0.565**
HU_2	0.665**	MA_2	0.613**
HU_3	0.539**	MA_3	0.432**
HU_4	0.590**	MA_4	0.611**

续 表

因素	Pearson 系数	因素	Pearson 系数
FA_1	0.513**	ST_1	0.478**
FA_2	0.603**	ST_2	0.466**
FA_3	0.546**	ST_3	0.582**
EN_1	0.427**	EM_1	0.422**
EN_2	0.540**	EM_2	0.634**
EN_3	0.510**	EM_3	0.517**

注：** 表示在 0.01 水平（双侧）上显著相关。

5.2.3 问卷调查结果与描述性统计

为了精确把握变量的总体分布情况，通常借助一些基本的统计量来描述所获得资料和数据的特征。常见的基本描述统计量（Descriptive Statistics）主要包括：①描述集中趋势的统计量——均值（Mean）、中位数（Median）、众数（Mode）、百分位数（Percentile Value）；②描述离散趋势的统计量——样本方差（Variance）、标准差（Standard Deviation）、均值标准误差（Standard Error of Mean）、极差（Range）；③表述分布形态的统计量——偏度（Skewness）和峰度（Kurtosis）。

将地铁系统运行脆弱性影响因素重要度调查研究的结果输入 IBM SPSS Statistics 19 软件中，选取"均值""标准差""偏度""峰度"四个基本描述统计量，根据均值大小获得各因素重要度排名，同时计算人员、设备设施、环境、管理、结构和应急 6 个维度下的组均值和排名，最后的输出结果如表 5-5 所示。

表 5-5 地铁系统运行脆弱性影响因素重要度调查结果

类别	编号	影响因素	均值	标准差	偏度	峰度	排名	组均值	组排名
人员因素 (Human Factor)	HU_1	人员技术业务水平	3.537	0.767	0.011	−0.346	3	3.430	1
	HU_2	人员安全意识	3.685	0.772	−0.103	−0.362	1		
	HU_3	人员自身素质	3.282	0.894	0.046	0.199	9		
	HU_4	人员身心状态	3.215	0.905	−0.273	0.337	10		
设备设施因素 (Facility Factor)	FA_1	设备设施状态	3.322	0.840	0.161	0.482	6	3.242	4
	FA_2	设备设施性能	3.295	0.874	−0.184	−0.130	8		
	FA_3	设备设施防护	3.107	0.879	−0.333	0.363	12		
环境因素 (Environmental Factor)	EN_1	自然环境	2.805	0.970	0.131	0.039	20	2.868	6
	EN_2	社会环境	2.812	0.873	−0.180	0.392	19		
	EN_3	运营环境	2.987	0.878	−0.217	0.554	15		
管理因素 (Management Factor)	MA_1	安全投入	3.477	0.819	−0.036	−0.496	4	3.319	2
	MA_2	教育培训	3.309	0.779	0.441	−0.048	7		
	MA_3	规章制度	3.416	0.831	0.378	−0.042	5		
	MA_4	组织架构	3.074	0.987	0.064	0.538	13		

续　表

类别	编号	影响因素	均值	标准差	偏度	峰度	排名	组均值	组排名
结构因素 (Structural Factor)	ST_1	车站布局	2.826	0.906	0.077	0.464	18	2.895	5
	ST_2	路网拓扑结构	2.967	1.036	0.068	−0.035	16		
	ST_3	设备设施关联性	2.893	1.116	0.185	−0.514	17		
应急因素 (Emergency Factor)	EM_1	应急管理计划	3.034	0.873	0.120	0.457	14	3.268	3
	EM_2	应急处置效率	3.624	0.730	0.087	−0.354	2		
	EM_3	应急资源保障	3.148	0.911	−0.080	0.325	11		

根据问卷调查的结果,纵向比较各地铁系统脆弱性影响因素,各因素的重要度均值从最高的3.685(HU_2人员安全意识)到最低的2.805(EN_1自然环境),没有因素是极其重要的(>4.0),也没有因素是可以忽略的(<2.0)。重要度相对较小(<3.0)的因素有6个,由小到大依次为EN_1自然环境(得分2.805,排名20)、EN_2社会环境(得分2.812,排名19)、ST_1车站布局(得分2.826,排名18)、ST_3设备设施关联性(得分2.893,排名17)、ST_2路网拓扑结构(得分2.967,排名16)、EN_3运营环境(得分2.987,排名15),相应的,这6个因素所在组的重要度也最低,结构因素得分2.895,组内排名5,环境因素得分2.868,组内排名6。各影响因素的标准差基本小于1,表明149位专家和研究学者对各项脆弱因素的评分较为接近。各变量的偏度和峰度的绝对值都小于1,这表示问卷调查取得的数据基本符合正态分布(Normal Distribution)。

横向比较地铁系统脆弱性影响因素,组内排名最高的为人员因素(得分3.430),这说明人员是影响地铁系统运行的最主要因素,其中HU_2人员安全意识(得分3.685,排名1)被视为对地铁系统的运行起到最为关键的作用,其次为HU_1人员技术业务水平(得分3.537,排名3)。组内排名第二的为管理因素(得分3.319),其中MA_1安全投入(得分3.477,排名4)均值最高,其次为MA_3规章制度(得分3.416,排名5),充足的安全投入和严格的规章制度是地铁系统安全运行的最根本保障。组内排名第三的为应急因素(得分3.268),其中EM_2应急处置效率(得分3.624,排名2)均值最高。组内排名第四的为设备设施因素(得分3.242),其中FA_1设备设施状态(得分3.322,排名6)组内均值最高,其次为FA_2设备设施性能(得分3.295,排名8)。

5.3　基于SEM的地铁系统脆弱性影响因素重要度分析

5.3.1　模型设定

对于地铁系统脆弱性影响因素问卷调查的结果,客观的重要度评分固然能够反映各影响因素的重要程度,但并不能获取地铁系统运行脆弱性这一潜在变量与影响因素这些外显变量之间的关系。而SEM能够很好地描述和处理外显变量与潜在变量之间的关系。基于HHM识别出的地铁系统脆弱性影响因素框架可以被等效为一个二阶因子模型,如图5-3所示。地铁系统脆弱性影响因素为外显变量,人员、设备设施、环境、管理、结构和应急因素为初阶因素(First-order Factor),地铁系统运行脆弱性为二阶因素(Second-order

Factor)。具体而言,模型中共有 7 个潜在变量和 20 个外显变量,其中地铁运行脆弱性 V 为外生潜在变量;HU、FA、EN、MA、ST、EM 为内生潜在变量;HU_1、HU_2、HU_3、HU_4 为 HU 对应的内生显变量;FA_1、FA_2、FA_3 为 FA 对应的内生显变量;EN_1、EN_2、EN_3 为 EN 对应的内生显变量;MA_1、MA_2、MA_3、MA_4 为 MA 对应的内生显变量;ST_1、ST_2、ST_3 为 ST 对应的内生显变量;EM_1、EM_2、EM_3 为 EM 对应的内生显变量;ε_1、ε_2、ε_3、…、ε_{20} 分别为 20 个内生显变量相应的误差项;ξ_1、ξ_2、ξ_3、ξ_4、ξ_5、ξ_6 分别为潜变量 HU、FA、EN、MA、ST、EM 相应的残差项;λ_1、λ_2、λ_3、…、λ_{20} 为 20 个显变量对应的路径系数;γ_1、γ_2、γ_3、γ_4、γ_5、γ_6 为地铁运行脆弱性 V 对 HU、FA、EN、MA、ST、EM 的影响系数,代表着它们对 V 的贡献度。

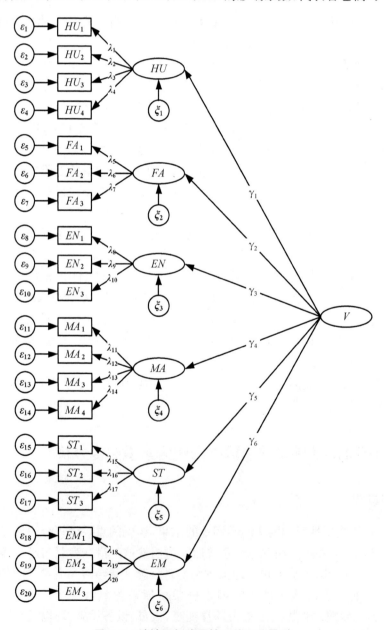

图 5-3 地铁运行脆弱性二阶因子模型

二阶因子模型假设 6 类因素是平行的相关关系,事实上,由地铁系统脆弱性影响因素的解释结构模型可知,这些因素存在一定的关联性,应急因素和设备设施因素处于最上层,对地铁系统产生最为直接的影响,管理因素处于最底层,属于深层因素,显然管理因素势必会对其他因素造成直接影响。根据问卷调查的结果,环境和结构类别组的重要度较低,组内脆弱因素的重要度均值低于 3.0,说明它们的贡献度不大。此外,结构因素中的路网拓扑结构和设备设施关联性的标准方差超过 1.0,分别为 1.036 和 1.116,说明专家和学者对于这两项的重要度的评估分歧较大。加之结构因素在地铁系统形成后便固定下来,且结构因素在解释结构模型中属于独立因素,它们并不会对其他脆弱因素造成影响。因此,构建组类因素间关系模型时,考虑删除这两类脆弱性影响因素。最终保留人员、设备设施、管理和应急 4 类较为重要的脆弱性影响因素,并给出以下假设:

假设 1:管理因素(MA)会显著影响应急因素(EM);
假设 2:管理因素(MA)会显著影响人员因素(HU);
假设 3:管理因素(MA)会显著影响设备设施因素(FA);
假设 4:人员因素(HU)会显著影响设备设施因素(FA);
假设 5:人员因素(HU)会显著影响应急因素(EM);
假设 6:应急因素(EM)会显著影响设备设施因素(FA)。

基于上述 6 条假设构建的一阶因子模型如图 5-4 所示。模型中共有 4 个潜在变量和 14 个外显变量,其中,MA 为外生潜在变量;HU、EM、FA 为内生潜在变量;MA_1、MA_2、MA_3、MA_4 为 MA 对应的外生显变量;HU_1、HU_2、HU_3、HU_4 为 HU 对应的内生显变量;

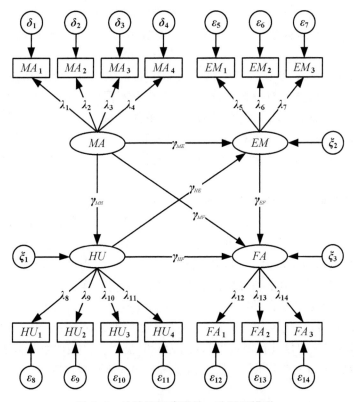

图 5-4 地铁运行脆弱性一阶因子模型

EM_1、EM_2、EM_3 为 EM 对应的内生显变量;FA_1、FA_2、FA_3 为 FA 对应的内生显变量,δ_1、δ_2、δ_3、δ_4 分别为 4 个外生显变量相应的误差项;ε_5、ε_6、ε_7、…、ε_{14} 分别为 10 个内生显变量相应的误差项;ξ_1、ξ_2、ξ_3 分别为潜变量 HU、EM、FA 相应的残差项。模型中的其他参数 λ_1、λ_2、λ_3、…、λ_{14} 为 14 个显变量对应的路径系数;γ_{MH}、γ_{ME}、γ_{MF}、γ_{HE}、γ_{HF}、γ_{EF} 为 6 条假设所对应的潜变量之间的影响系数。

5.3.2 模型估计、检验与评价

在 SEM 的分析过程中,最核心的计量程序就是参数估计(Parameter Estimation),进行科学有效的参数估计需要建立在特定的统计计量原理之上。因此,SEM 的分析数据,除了满足一般性的统计假设之外,还必须符合 SEM 的特殊要求。SEM 模型必须具有统计与方法的可识别性,这样才能使各项估计程序与统计决策过程顺利进行,这称为模型识别(Model Identification)。SEM 模型的识别是判断模型中每一个待估计参数(自由参数)是否能由观测数据求出唯一的估计值,包括不可识别(Underidentified)、恰好识别(Just-identified)和过度识别(Overidentified)。采用较多的识别方法为 t 法则(t-Rule),是一种衡量识别性的必要但非充分的识别条件计算法则。SEM 模型能够被识别,必须符合下列关系式:

$$t \leqslant \frac{1}{2}(p+q)(p+q+1) \tag{5-9}$$

式中:t 为待估参数的个数;p 为内生显变量的个数;q 为外生显变量的个数。

如果满足上述条件,SEM 模型为过度识别或恰好识别;如果不满足上述关系式,SEM 模型将不可识别,意味着模型以过少的条件求取过多的因素解,会导致无法进行任何参数估计。

本书构建的地铁运行脆弱性二阶因子模型中共有 20 个显变量,即 $p+q=20$,可以得到 $20 \times 21/2$ 个不同的方差与协方差,也就是 210 个不同的方程,模型所需估计的参数为 52 个,远小于 210,所以二阶因子模型满足识别条件。对于一阶因子模型而言,模型中有 14 个显变量,即 $p+q=14$,则有 $(p+q)(p+q+1)=210$,模型中的待估参数数目为 37,同样满足式(5-9)的要求。因此,构建的两个地铁系统运行脆弱性 SEM 模型均能够被识别。

将问卷调查取得的数据导入 AMOS22,采用极大似然估计方法(ML),对假设的地铁运行脆弱性二阶因子模型进行初步估计,模型的整体拟合度指标见表 5-6。由表可知,二阶因子初始模型的大多数拟合指标均在可接受范围内,其中卡方自由度比为 1.97,小于 2 的惯用门槛值;GFI 为 0.94,CFI 为 0.91,均达到 0.9 的标准;AGFI、PGFI 均符合要求,而 RMSEA、NFI 和 NNFI 值不满足拟合要求,表明模型仍有修正的空间。

因素荷载作为反映测量误差影响的指标,用来量化外显变量反映潜在变量程度。具有足够大因素荷载的项目,代表其具有良好的聚敛效度(Convergent Validity)。当因素荷载大于0.71 时,即可宣称项目具有理想质量,因为此时潜在变量能够解释观察变量将近 50%的变异[216]。Tabachnick 与 Fidell 给出了因素荷载的具体判断标准,具体见表 5-6。

5 基于SEM的地铁系统运行脆弱性影响因素重要度评估研究

表 5-6 因素荷载的判断标准[217]

λ	λ^2	状况
0.71	50%	优秀
0.63	40%	非常好
0.55	30%	好
0.45	20%	普通
0.32	10%	不好
0.32以下		不及格

事实上，由于本书调查对象是地铁系统的运行脆弱性，其实质是系统特性，相比于实测事物会显得较为抽象，因此各脆弱性影响因素的荷载不会太高，这与一般的社会科学研究相符。因此，本书将因子荷载的最低下限定为0.5，而不采用$\lambda \geqslant 0.71$的原则。当然因子荷载太高，如$\lambda \geqslant 0.95$，会影响假设模型的合理性，最终本书认为地铁系统脆弱性影响因素的荷载范围为[0.50, 0.95]。

二阶因子模型的初步标准化估计结果如图5-5所示，模型中有两个因素的荷载小于0.50，分别为EN_1(0.42)和ST_1(0.44)。从二阶因子模型中删除这两个因素，重新在AMOS22软件中加载修正后的模型，修正后模型的拟合指标如表5-7所示。

表 5-7 二阶因子模型修正前后拟合指标值

拟合指标	χ^2	df	χ^2/df	GFI	AGFI	RMSEA	NFI	NNFI	CFI	PGFI
判别标准	—	—	<2	>0.9	>0.8	<0.05	>0.9	>0.9	>0.9	>0.5
修正前二阶模型	323.08	164	1.97	0.94	0.89	0.054	0.87	0.89	0.91	0.62
修正后二阶模型	247.68	129	1.92	0.95	0.89	0.044	0.88	0.91	0.92	0.62

修正后的二阶因子模型较修正前有较多的改善，各项拟合指标中除$NFI=0.88$外，其余均能达到要求，此时模型中各项因素的因子荷载均高于0.50，二阶因子模型的验证性因素分析结果满足要求，因此可以将其输出，对二阶因子模型的修正后标准化估计结果如图5-6所示。

由图5-6中的模型可以看出，人员、设备设施、环境、管理、结构和应急类因素对地铁系统脆弱性的解释程度都比较高，影响地铁系统脆弱性的最关键因素是管理因素(0.84)，其次为人员因素(0.81)，此外应急因素(0.75)和设备设施因素(0.63)也很重要，对地铁系统影响最小、解释程度最低的为环境因素(0.50)，相比于其他公共交通工具，地铁受环境的影响最小，这与现实情况也相符。地铁系统脆弱性(V)与6个维度因素(HU、FA、EN、MA、ST、EM)之间的关系可表达为式(5-10)：

$$V = 0.81 \times HU + 0.63 \times FA + 0.50 \times EN + 0.84 \times MA + 0.52 \times ST + 0.75 \times EM$$
(5-10)

对上述公式中的系数进行归一化后，表达式变为：

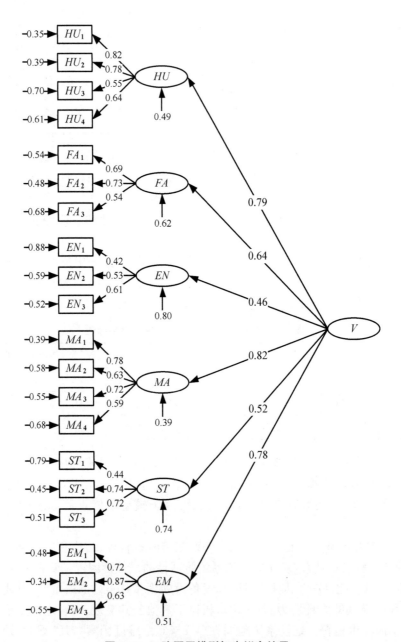

图 5-5 二阶因子模型初步拟合结果

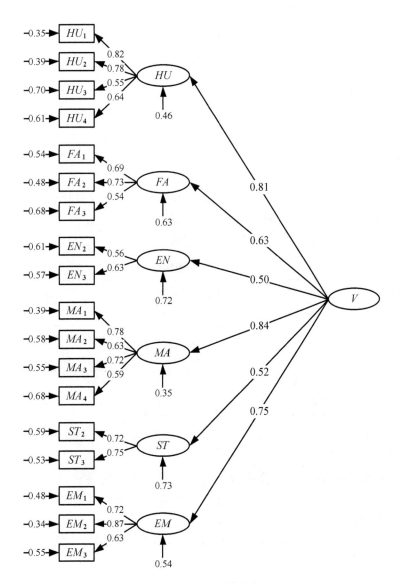

图 5-6 修正后二阶因子模型拟合结果

$$V = 0.20 \times HU + 0.16 \times FA + 0.12 \times EN + 0.21 \times MA + 0.13 \times ST + 0.18 \times EM \tag{5-11}$$

对于假设的一阶因子模型,同样采用极大似然估计方法(ML),在 AMOS22 中进行评估,模型初步拟合指标见表 5-8,可以看出模型的各项拟合度指标较好,整体适配度良好。模型内在结构适配度检验结果表明:所有外显变量 t 值的绝对值>1.96,$p=0.000<0.01$,标准因子荷载则在 $0.57\sim0.83$ 之间,均不小于 0.50;另一方面,各潜在变量的组合信度均超过 0.7,同时平均方差抽取量(AVE)大于 0.5,因此,一阶因子模型通过内在结构适配度检验。

表 5-8 一阶因子初始模型拟合指标值

拟合指标	χ^2	df	χ^2/df	GFI	AGFI	RMSEA	NFI	NNFI	CFI	PGFI
修正前一阶模型	323.08	71	1.97	0.92	0.82	0.047	0.92	0.92	0.91	0.55

对一阶因子模型进行验证性因子分析,证明模型具有较好的拟合度,接着为验证模型中的 6 条假设关系,明确潜变量之间的关系,对 6 条假设对应的路径系数进行检验,模型中 6 条路径的标准化系数及相关检验值如表 5-9 所示。

表 5-9 一阶因子初始模型路径检验

假设编号	模型路径	标准化路径系数	p	显著性结果
H1	EM←MA	0.11	**	显著
H2	HU←MA	0.24	***	显著
H3	FA←MA	−0.07	0.167	不显著
H4	FA←HU	0.21	***	显著
H5	EM←HU	0.16	***	显著
H6	FA←EM	−0.013	0.132	不显著

注:** 表示 $p<0.01$,*** 表示 $p<0.001$。

从表 5-9 可以看出,两条路径系数达不到显著性水平的要求,分别是"$FA \leftarrow MA$"和"$FA \leftarrow EM$",因此考虑删除不显著路径。由于删除一条路径可能影响其他路径的显著程度,因此首先删除最不显著的路径,$p(FA \leftarrow MA) > p(FA \leftarrow EM)$,故删除路径"$FA \leftarrow MA$",重新运载一阶因子模型,得到剩余 5 条假设所对应的路径系数及相关检验值,如表 5-10 所示。

表 5-10 一阶因子二次模型路径检验

假设编号	模型路径	标准化路径系数	p	显著性结果
H1	EM←MA	0.16	***	显著
H2	HU←MA	0.29	***	显著
H4	FA←HU	0.25	***	显著
H5	EM←HU	0.18	***	显著
H6	FA←EM	−0.020	0.111	不显著

注:*** 表示 $p<0.001$。

由表 5-10 可知,删除不显著路径"$FA \leftarrow MA$"后,路径"$FA \leftarrow EM$"仍然达不到显著要求,假设 H6 无法得到支持,因此将该路径删除,得到最终的一阶因子模型,如图 5-7 所示。最终一阶因子模型的相关拟合指标如表 5-11 所示。

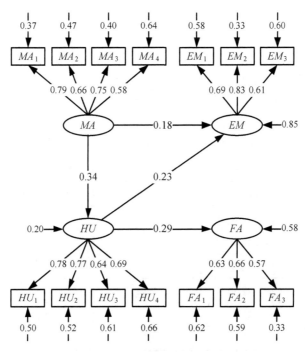

图 5-7 一阶因子最终模型拟合结果

表 5-11 一阶因子最终模型拟合指标值

拟合指标	χ^2	df	χ^2/df	GFI	AGFI	RMSEA	NFI	NNFI	CFI	PGFI
最终二阶模型	247.68	73	1.92	0.94	0.83	0.041	0.92	0.92	0.91	0.57

从表 5-11 的拟合结果来看,删除两条路径后,模型的各项拟合指标仍然较好,最终的一阶因子模型的拟合程度较原始模型有小幅度提升。假设 1、2、4、5 所对应的四条路径系数均达到显著性水平,如表 5-12 所示,相应地,假设 1、2、4、5 得到支持,即管理因素(MA)会显著影响应急因素(EM)和人员因素(HU),同时,人员因素(HU)会显著影响设备设施因素(FA)和应急因素(EM),这说明管理因素和人员因素在地铁运营安全中起到较为重要的作用。

表 5-12 一阶因子最终模型路径检验

假设编号	模型路径	标准化路径系数	p	显著性结果
H1	$EM \leftarrow MA$	0.18	***	显著
H2	$HU \leftarrow MA$	0.34	***	显著
H4	$FA \leftarrow HU$	0.29	***	显著
H5	$EM \leftarrow HU$	0.23	***	显著

注:*** 表示 $p<0.001$。

5.3.3 效应分析

相比通常的回归模型,结构方程模型的一大优势是能够根据路径系数,对某一变量对另一变量的效应进行分析。在 SEM 模型中,效应分为三种:直接效应、间接效应和整体效应。直接效应(Direct Effect)是某一变量对另一变量的直接影响;间接效应(Indirect Effect)是某一变量通过某一中介变量对另一变量的直接影响;整体效应(Total Effect)等于直接效应加上间接效应。

对于效应大小的判断没有规定的标准,一般是研究者根据其所在领域及研究性质来决定。在本书中,认为标准化路径系数绝对值小于 0.1 为小效应,在 0.30 左右的为中等效应,如果绝对值超过 0.5,则认为是大效应。根据表 5-12,可以获得人员、设备设施、管理和应急因素之间的直接效应、间接效应和整体效应,详细分析见表 5-13。

表 5-13 结构方程模型的效应分析

因素	效应	人员因素	设备设施因素	应急因素
人员因素	直接效应	—	0.29	0.23
	间接效应			
	整体效应	—	0.29	0.23
管理因素	直接效应	0.34		0.18
	间接效应		0.29	0.34×0.23
	整体效应	0.34	0.29	0.26

由表 5-13 可知,因素之间的整体效应值在 0.23~0.34,为较为中等的效应,因素之间的作用是不可忽略的。管理因素对人员因素的效应最强,说明管理因素很大程度上影响了人员因素,因此通过加强管理,能够显著改变人员因素的现有状态。管理因素对应急因素的作用,由于人员因素这一中介变量,得以大幅度提升。也就是说,改善地铁安全管理现状对地铁系统应急能力的提升,通常需要借助人员状态的改善予以实现,当然这一过程会有一定的延迟,但效果是显著的。

5.4 本章小结

本章通过问卷调查统计分析技术和结构方程模型对地铁系统运行脆弱性影响因素的重要度进行了评估。有效问卷共收集 149 份,调查取得的数据具有良好的信度和效度。问卷的描述性统计分析表明,20 个地铁系统运行脆弱性影响因素的关键性得到了专家的普遍认可,均值排名反映人员因素、管理因素在所有因素中最为关键。接着,根据问卷的判别结果,构建了地铁运行脆弱性的二阶因子模型,以明确各组因素对地铁运行脆弱性的贡献程度。结合脆弱因素的解释结构模型,提出 6 种假设,并以此构建地铁运行脆弱性的一阶因子模型。经过对两个模型的估计、检验和修正,获得拟合度较为理想的模型。由最终二阶因子模型可知,6 组因素对地铁系统运行脆弱性的贡献度分别为人员(0.2)、设备设施(0.16)、环境(0.12)、管理(0.21)、结构(0.13)、应急(0.18)。通过对一阶因子模型的修正,验证了 6 组因素之间的关系,管理因素对人员和应急因素有显著影响,人员因素对设备设施和应急因素有显著影响,即证明了假设 1、2、4、5 的合理性。不同因素间的影响程度不同,管理因素对人员因素的影响最大,对应效应值为 0.34。

6 基于 SD 的地铁系统运行脆弱性仿真研究

地铁系统运行脆弱性影响因素对地铁运行安全所起到的作用,并非只是简单的线性关系,而是复杂的非线性关系,这些脆弱因子之间不断地相互作用和反馈,共同决定了地铁系统运行的脆弱性。为了明晰地铁系统运行脆弱性影响因素间的这种复杂、动态关系给地铁运行带来的最终影响,本章建立地铁系统脆弱因子之间的因果关系图,确定了系统动力学模型中的变量和反馈结构,构建了地铁系统运行脆弱性的总体流图,利用 Vensim PLE 软件对南京地铁进行了实例仿真,找出了对南京地铁系统运行安全最为敏感的脆弱因素,并生成相应的干预策略,测试各干预策略的效果,为地铁系统的运营安全工作提供理论支撑和实践指导。

6.1 系统动力学及基本建模流程

6.1.1 系统动力学概念

系统动力学[218](System Dynamics,SD)创于 1956 年,是系统科学理论和计算机仿真紧密结合,研究系统反馈结构和行为的方法,其创始人为美国麻省理工学院的福瑞斯特(J. W. Forrester)教授,这种研究信息反馈系统的方法在 20 世纪 50 年代末逐步发展成为一门独立完整的学科。它汲取控制论、控制理论和信息论的精髓,以计算机模拟技术为主要手段,从系统内部的因果反馈结构入手,通过定性和定量分析相结合的方法,以定性分析为先导,定量分析为支持来研究复杂系统的结构、功能与行为之间的动态关系。

系统动力学初期主要被应用于工业领域,主要分析生产管理、库存管理,处理生产与雇员变动情况等问题。而后,它的应用范围日益扩大,从民用到军用,从科研、设计工作的管理到城市摆脱停滞与衰退的决策,从世界面临指数式增长的威胁与资源储量日益殆尽的危机到检验糖尿病的病例建设[219],系统动力学都能起到很好的效果。

在管理科学领域,Sterman[220]教授对啤酒分销游戏的运作机理的分析为 SD 在该领域的成功运用奠定了基础。这项研究从动态决策、行为决策理论和实验经济学的高度,考察了涉及多主体、反馈、非线性和时间延迟的一般管理系统。同时,还以实验数据为依据,论证了在多重信息反馈存在错误感知和来自系统动态环境的干扰下,个体决策相互影响产生的动力学行为是最低效的、严重偏离最优的,而这些都是由系统本身的内在结构所决定的。

国外,Salge 和 Milling 运用 SD 发现切尔诺贝利核电站事故的原因是因为设计失误和操作失误共同导致的[221]。Cooke 和 Rohleder 建立了一个安全事件学习系统,通过整理总结过去的案例来阻止风险事件的发生[222]。Ng 等人对大型工程项目中的冲突管理进行了仿真分析[223]。Lê 和 Law 构建了一个系统动力学模型,用于建筑、工程和施工行业中的经验传递[224]。Minami 和 Madnick 认为车辆碰撞事故中,相对人员的失误和组织的问题才是事故发生的根源[225]。通过一种群体建模的方法,Goh 等人尝试解释在投入足够多安全资源的情况下,工人的受伤率却没有下降的现象[226]。Han 等人运用系统动力学解释了生产压力和安全表现之间的动态关系,通过建立的仿真模型,用于提升安全水平政策的有效性能够得以验证[227]。

20 世纪 70 年代末,系统动力学由上海的杨通谊先生和王其藩教授引入中国,随后受到中国学者的青睐而广泛应用于国民经济管理的各个领域,系统动力学因此在国内取得了飞跃发展。南昌大学的贾仁安教授、上海交通大学的吴建中教授、复旦大学的李旭教授等学者对此都起到了积极的推动作用。理论方面,贾仁安等从系统的基本因果出发,应用图论的相关理论和方法,根据基本要素的因果关系研究整个系统的结构,构建系统流图,形成了一种新的系统动力学规范化建模的方法[228]。应用方面,在生态经济、能源规划、社会可持续发展、企业经营管理中都能看到运用 SD 进行仿真分析的文献。特别地,在事故安全领域,马明等利用系统动力学理论构建了车辆追尾事故的仿真分析模型,为事故致因提供一种机理分析方法[229]。李存斌和陆龚曙基于广义项目风险元传递理论,构建了导致工程量增加的因素与工程费用、工期及质量的系统动力学模型,为风险管理和项目管理提供决策分析[230]。杨晓冬和武永祥在系统分析了绿色住宅市场系统之后,建立了需求、开发决策和政府行为三大子系统,并以南京市为例对住宅市场进行了动态仿真模拟[231]。王欣和左忠义采用 SD 探讨了高铁人的行为、设备设施、运行环境、安全管理、法制监管和安全投入 6 个子系统的动态变化规律,建立了高铁的安全管理水平模型[232]。

系统动力学是处理信息反馈系统的动态行为的方法论,强调系统行为是由内部的因果反馈机制决定的。SD 方法中借助因果关系图(Causal Loop Diagram)来描述系统内部各要素间、系统与系统间存在着相互影响、相互作用的复杂关系。因果关系图又称影像图或向图,主要由因果链、因果键和反馈环组成。因果链主要用来刻画变量之间的动态传递变化关系,其中通常用箭头来表示这种关系。典型的因果反馈环如图 6-1(a)所示。偶数个负因果关系形成的反馈回路为正反馈环,奇数个负因果关系形成的反馈回路为负反馈环,分别如图 6-1(b)和图 6-1(c)所示。在图 6-1(b)的正反馈环中,某个因素的属性发生变化后,运动或动作所引起的后果会回授,使得要素沿着原先变化的方向继续变化下去,趋势不断得到加强。因此正反馈环具有自我强化(或弱化)的作用,是系统中促进系统发展(或衰退)的因素,

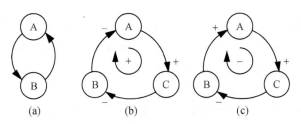

图 6-1 反馈环
(a)因果反馈环;(b)正反馈环;(c)负反馈环

具有非稳定、非平衡、增长和自增强多种特性。图 6-1(c)的负反馈环中,当某个要素发生变化时,由于反馈环中一系列要素属性递推作用,该要素会沿着与原来变化方向相反的方向变化,所以负反馈环具有内部调节器的效果,它能够自动寻求给定的目标,未达到目标时将不断作出响应,控制着系统发展速度或衰退速度。系统的性质和行为完全取决于系统中存在的反馈环。

因果与相互关系图只能描述反馈结构的基本方面,不能表示不同性质变量的区别,系统动力学在充分考虑到动态系统实物或信息流动的基础上,提出了系统动力学的"流图"结构。图 6-2 是一个简单的系统动力学流图,其中云状的符号表示源(Sources)与漏或沟(Sinks),两者都是抽象的概念,它们代表输入与输出状态或称位(Level)的一切位置;中间矩形符号代表系统的状态变量(Level or State),描述了系统的动态积累效应;两侧的箭头分别代表系统的输入率和输出率,随着时间的变化,它们共同决定了系统状态变量值的增加或减少。

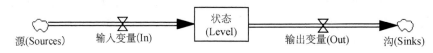

图 6-2　系统动力学流图

系统动力学流图中,要素之间的定量关系主要通过变量及方程式予以表述,变量和方程式成为绘制系统流图的关键所在。其中常用的变量有如下几种:

(1) 水平变量(Level Variable)。水平变量描述了系统的状态,也称为状态变量或积累变量,是最终决定系统行为的变量,随着时间变化,当前时刻的值等于过去时刻的值加上这一段时间的变化量,它反映了动态系统变量的时间累计过程。因此,在系统中可以观察水平变量在任何时间瞬时的取值,它的取值仅仅受速率变量的影响而改变。

(2) 速率变量(Rate Variable)。速率变量描述了水平变量的时间变化,又可称为决策变量,是直接改变水平变量值的变量,反映了水平变量输入或输出的速度。速率变量反映导数的概念,因而是不能瞬时观察的,一般只能观察到速率变量在时间段内的平均值。在实际应用中,通常采用区间上的平均速率来代替瞬时速率进行计算。

(3) 辅助变量(Auxiliary Variable)。理论上,系统动力学只需要水平变量和速率变量,加上系统的初始状态就可以确定动态系统的全部过程。但在实际使用过程中,往往还需要某些中间结果,比如对系统信息量的理解或计算机仿真输出等,因而引出了辅助变量这一概念。辅助变量用来描述位于水平和速率之间的中间变量,它必位于水平变量和速率变量之间的信道上。其值由系统中其他变量计算获得,当前时刻的值和历史时刻的值是相互独立的。

(4) 常量(Constant Variable)。常量是指在考虑的时间范围内变化甚微或者相对不变化的系统参数。严格来说绝对不变化的参数是不存在的,但对于那些变化甚微的参数,都可以认为其值不随时间变化,将其视作常数值予以处理。

水平变量、速率变量、辅助变量、常量统称为内生变量。

(5) 外生变量(Exogenous Variable)。外生变量是指随时间变化,但这些变化不是由系统中其他变量引起的变量。这些变量制约着内生变量,又不受内生变量制约。

除了变量,方程式的建立也是系统动力学中的关键环节,在整个 SD 分析中起到重要作用。建立方程的目的是把模型结构转换成定量的数学表达式,是规范模型的过程。通过方程式使 SD 模型能用计算机模拟,以研究模型假设中隐含的动力学特性,并确定解决问题的方法与对策。

系统动力学中,建模模型所需要的主要的方程式包括积累变量方程、速率方程和辅助方程,分别如式(6-1)、式(6-2)、式(6-3)所示。

$$lvS(t) = S(t_0) + \int_{t_0}^{t} rateS(t) dt = S(t_0) + \int_{t_0}^{t} [infowS(t) - outflowS(t)] dt \quad (6-1)$$

$$rateS(t) = g[lvS(t), aux(t), exo(t), const] \quad (6-2)$$

$$aux = f[lv(t), aux*(t), exo(t), const] \quad (6-3)$$

式中:$lvS(t)$ 是 t 时刻积累变量值;$rateS(t)$ 是该积累变量变化的速率;$aux(t)$ 是 t 时刻辅助变量值;$exo(t)$ 是 t 时刻外生变量值;$const$ 是常数;$aux*(t)$ 是除待求辅助变量外的其他辅助变量。

6.1.2 系统动力学的建模流程

在遵循整体化、相关性、重点性、一致性等原则的基础上[219],系统动力学的建模流程可分为 5 个步骤:①确定建模的目的,主要了解要解决的基本问题,调查收集研究对象的情况和数据。②系统边界的确定,进行系统结构的分析,为系统划分层次与方块,明确系统总体与局部的反馈机制,从而确定应划入系统建模的内部要素。③确定因果关系图及变量,确定状态变量、速率变量、辅助变量、常量以及外生变量,作出系统因果关系反馈图,理清子系统与其组成部分之间的关系以及变量之间的关系,确定回路间的反馈耦合关系。④系统动力学模型的建立,作出系统流图,确定系统中各变量的初始值,建立相应的数学方程组,以便清晰描述影响反馈系统的动态性能的积累效应与实现过程。⑤模型的应用,建好的模型进行计算机仿真模拟,并校验模型的真实性和可靠度。通过对结果的分析,寻找可能的系统结构缺陷和不足,进行必要的修正,然后再做仿真测试,应用模型解决实际问题。系统动力学建模流程图如图 6-3 所示。

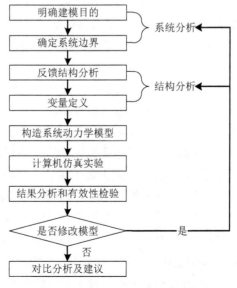

图 6-3 系统动力学建模流程图

6.2 地铁系统运行脆弱性的系统动力学建模

地铁系统的脆弱性具有隐匿性，在系统正常运行时并不表现出来，只有当系统受到足够强度的干扰才会被激发出来导致地铁运营事故[233]。对于这种地铁运营过程中一直存在的特性，可以借助地铁事故水平反映出来。地铁事故水平越高，发生的地铁事故越多，系统就越脆弱；相反，发生的地铁事故越少，说明系统越安全，地铁运营越鲁棒。

6.2.1 系统建模目的

地铁系统是一个由人-机-环-管组成的复杂系统，其子系统及子系统内部因素之间的复杂关系使得地铁系统具有脆弱性。建立地铁系统运行脆弱性的系统动力学模型，实现对系统的仿真分析，试图达到的研究目的主要包括以下几点：

（1）探索地铁系统运行脆弱因子对地铁系统的作用机制，在考虑地铁系统运行脆弱因子之间的耦合作用下，动态预测一定时期内地铁运营的风险水平变化趋势。

（2）构建地铁系统运行脆弱性系统动力学模型，更为综合地诠释脆弱因子对地铁运营安全的影响方式和作用结果，为合理制定应对策略提供理论支持和科学依据。

（3）选择出能够影响地铁系统运营风险水平变化的关键变量，识别出对地铁运营安全有关键影响作用的敏感性因素，从而为降低地铁系统运行脆弱性，提升地铁运营安全性提供合理化建议。

6.2.2 系统边界确定

划定系统的界限时，应把影响系统动态行为模式的变量划入界限之内，能不划入的就尽量不划入，能集中简化的就加以简化。借助以下三个问题，实现这一过程：①系统中有哪些具体过程与所要研究的问题相关？②这些过程是如何形成的？它们给予人们的印象与概念是什么？③这些印象与概念如何组合起来产生影响那些具体过程的压力？

由地铁系统运行脆弱性影响因素的二阶因子模型可知，6类影响因素中，环境和结构因素对系统的影响度最低，且这两类影响因素随时间变化的特征不明显。对于不同时期，处于不同城市的地铁系统，其面临的环境考验大致相同，并没有明显的波动。而结构因素在地铁系统形成后，便随之固定下来，在很长时间内都不会出现变化，因此地铁系统运行脆弱性建模过程中，将这两组因素排除在外，不纳入系统动力学建模考量范围。对于剩下的四组脆弱因子，由地铁系统运行脆弱性影响因素的解释结构模型和驱动力-依赖度分类图可知，地铁人员因素、设备设施因素和应急因素对地铁运行的影响作用是最为直接的，管理因素则属于深层驱动因素。其中应急因素与管理和人员因素部分重叠，比如人员的应急能力与人员的技术业务水平和安全意识有很大的关联，可以完全通过这两项脆弱因素予以反映。因此，最终将MOV系统动力学模型分为人员、设备设施和管理三个模块。在系统事故模型中，事故被认为是系统在外界扰动下，部件失效和交互紊乱导致的[234]，其中部件失效主要指人为失误和物理部件的故障，交互紊乱主要指部件之间的非功能性交互作用，而对这些起到约束作用的就是管理。由此来看，从人员、设备设施和管理三个模块展开也符合复杂系统事故模型的观点，建模是合理的。

6.2.3 系统因果关系图

MOV 的系统动力学模型将从人员、设备设施和管理三个模块展开,明确各个模块中脆弱因子之间的关系,构建它们之间的联系,利用 Vensim 软件表示出脆弱因子间的因果关系图。

人员模块的因果回路如图 6-4 所示,其中包含三条正反馈环 R1、R2.1、R2.2。正反馈环 R1(脆弱性→运营环境→安全工作意向→安全行为→事故→脆弱性)说明了个人执行力对地铁系统脆弱性的影响,当地铁系统脆弱性升高导致运行环境变差后,相对于对危险环境加以改善,人员会本能地选择远离危险环境,这一行为会将导致事故的进一步恶化,加剧了系统的脆弱性。正反馈环 R2.1(脆弱性→运营环境→风险感知度→安全行为→事故→脆弱性)和 R2.2(脆弱性→运营环境→身心状态→安全意识→风险感知度→安全行为→事故→脆弱性)反映了个人感知力对地铁系统脆弱性的影响,当地铁系统脆弱性升高导致运行环境变差后,人的身心状态受到影响,安全意识会有所下降,从而导致人员对风险的感知能力下降,此外环境变差,还给人员观察周围环境增添了难度,进一步降低了其感知风险的能力。感知风险能力的下降会导致人员无法及时采取应对措施,使地铁系统变得更加脆弱。从上述分析可以看出,人员模块的三条强化回路并不能起到稳定系统的作用,相反,它加剧了系统的振荡。

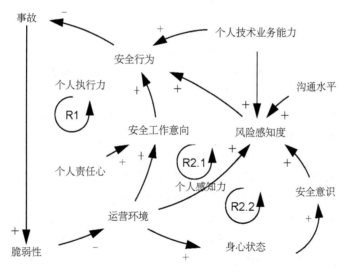

图 6-4 人员模块因果关系

设备设施模块的因果回路如图 6-5 所示,其中包含两条正反馈环 R3.1、R3.2。正反馈环 R3.1(脆弱性→运行环境→设备设施防护→设备设施状态→事故→脆弱性)和 R3.2(脆弱性→客流量→营运收入→资金投入→设备设施性能→设备设施状态→事故→脆弱性)反映了设备设施的状态对系统脆弱性的影响。系统脆弱性升高带来运营环境的恶化,使得对设备设施的防护失效或防护能力下降,从而使得设备设施的状态变差,导致更易出现故障,地铁系统将会变得更加脆弱。此外,脆弱性的升高还会导致客流量的降低,继而使得用于提升系统安全性能的资金有所减少,设备设施性能无法得到有效改善,其状态相对就会变差,从而出现故障的概率增多,加剧系统的脆弱性。可以看出,设备设施模块中存在的两条加强环也不能起到调节系统、稳定系统的作用。

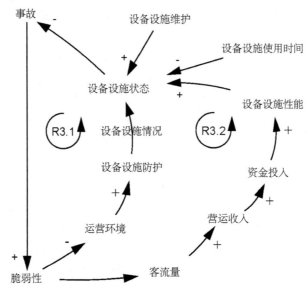

图 6-5 设备设施模块因果关系

管理模块的因果回路如图 6-6 所示,其中包含一条正反馈环 R4 和四条负反馈环 B1、B2.1、B2.2、B2.3。正反馈环 R4(脆弱性→客流量→营运收入→安全投入→事故→脆弱性)表明了脆弱性经济层面的影响。地铁事故增多,系统脆弱性变大,会使得乘客不愿意乘坐地铁,地铁的营运收入也会随之下降,而收入不足导致安全投入减少,会使得人员缺乏训练,设备设施缺乏更新,反过来又更易导致事故的发生。和其他正反馈环一样,经济反馈环对调节系统脆弱性也起不到作用。

负反馈环 B1(事故→脆弱性→事故调查→缺陷清单→缺陷整改→事故)说明了事故调查对系统脆弱性的影响。地铁系统越脆弱,其事故就会越多,而事故数量的增加为事故调查提供更多的素材,通过调查能够获知的系统缺陷和不足就越多,进而就能够对系统实施更多改进和优化的措施,系统的脆弱性也因此会降低。负反馈环 B2.1(脆弱性→安全管理压力→安全监管→个人责任→安全行为→事故→脆弱性)、B2.2(脆弱性→安全管理压力→安全投入→培训和演练→安全意识→安全行为→事故→脆弱性)和 B2.3(脆弱性→安全管理力度→安全投入→设备设施改善资金→设备设施状态→事故→脆弱性)反映了管理对系统脆弱性的影响。地铁系统脆弱性的升高,使得安全管理的压力变大,此时,安全监管会变得更加严格,安全投入会变多。更加严格的安全监管迫使员工严格执行相关规章制度,人员会对自己的行为更负责任,不安全行为发生的概率就会变小。安全投入的增多使得资金变得更加充裕,从而可以进行更多的培训和演练以提升人员安全意识,并能够及时提升设备设施安全性能,由此,人员不安全行为和设备设施故障会随之减少,系统脆弱性变低。与上述的正反馈环不同,事故学习负反馈环和管理负反馈环能够实现对地铁系统脆弱性的调节,由于这些负反馈环的存在,地铁系统才能够实现稳定的运行。

最后将人员模块、设备设施模块和管理模块进行整合和优化,生成的地铁系统脆弱性的

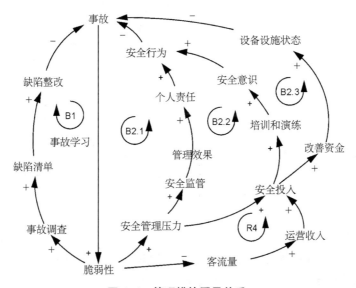

图 6-6 管理模块因果关系

整体因果关系如图 6-7 所示,其中四个正反馈环 R1(感知力影响)、R2(执行力影响)、R3(设备设施影响)、R4(经济效果),两个负反馈环 B1(事故学习效果)和 B2(管理效果)。正反馈环可以形成良性或恶性两种循环。在良性循环中,当因果回路中的某一部分的情况开始改善时,正反馈的作用将使该部分的情况得到进一步的改善;反之,在恶性循环中,系统中恶化的部分的情况将愈加恶化。正反馈系统究竟是呈现良性还是恶性循环效应,取决于回路中各部分之间的作用是相互改善还是恶化。具体而言,在这些反馈环中,个人感知力、执行力、设备设施状态的提升、安全投入的增多能够使得系统的脆弱性不断减小,因此,它们应该成

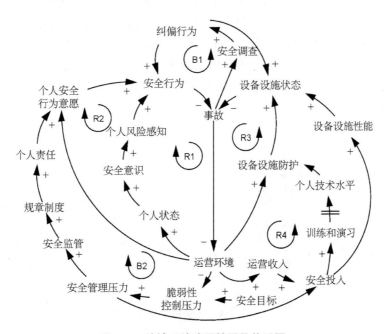

图 6-7 地铁系统脆弱性因果关系图

为保障地铁安全运行着重考虑的因素。负反馈的特点是它的跟随目标的特性,即达到目标安全状态,对整个系统起到自调节、自均衡、自控制、体内平衡或自适应的效果。一旦系统远离设定的安全状态,通过加强管理、事故调查等一系列措施,提升负反馈环中的个人感知力、执行力等因素,将系统拉回期望状态。正是有了决策管理过程,才实现了对地铁系统的安全运行整体把握。

6.2.4 系统流图的构建

通过构建 MOV 的流图可以对这种作用予以量化,为地铁系统运行脆弱性制定出更为有效的应对策略。MOV 的流图模型涉及人员模块、设备设施模块和管理模块,其中人员模块和设备设施模块对地铁运营安全有着最为直接的作用,管理模块对地铁运营安全有着间接的作用。

1) 人员模块

人员模块对地铁运营安全的作用和影响可以通过人员工作状态(Personnel Working State,PWS)反映出来。

$$lvPWS(t) = lvPWS(t_0) + \int_{t_0}^{t} ratePWS(t) dt \tag{6-4}$$

式中:$lvPWS(t)$ 为人员工作状态水平;$ratePWS(t)$ 为人员工作状态变化量。

人员工作状态情况取决于人员的安全行为表现(Upgraded Performance,UP)和不安全行为表现(Degraded Performance,DP)。

$$ratePWS(t) = Person\_UP(t) - Person\_DP(t) \tag{6-5}$$

式中:$Person\_UP(t)$ 为人员安全行为水平;$Person\_DP(t)$ 为人员不安全行为水平。

人员出现不安全行为多半是由于人因错误,而通过加强人员的安全意识,提高人员的技术水平,强化人员的责任心,并加强交流合作能够有效抑制这种不安全行为。因此,人因失误是不安全行为的起源,而人员的安全意识、人员技术水平、人员自身素质和人员身心状态决定了人员的安全行为。人员的自身素质最终通过人员的责任心予以刻画,而人员身心状态则可以通过人员合作交流的程度予以描述。最终构建的人员模块流图模型如图 6-8 所示。

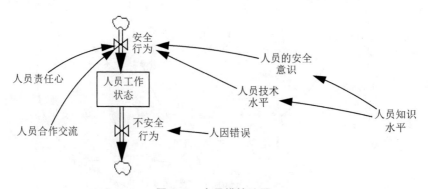

图 6-8 人员模块流图

2) 设备设施模块

设备设施模块对地铁系统的影响最终以设备设施运行状态（Equipment Operational State，EOS）表现出来。

$$lvEOS(t) = lvEOS(t_0) + \int_{t_0}^{t} rateEOS(t) \mathrm{d}t \tag{6-6}$$

式中：$lvEOS(t)$ 为设备设施运行状态；$rateEOS(t)$ 为设备设施运行状态的变化量。

$$rateEOS(t) = Equipment\_UP(t) - Equipment\_DP(t) \tag{6-7}$$

式中：$Equipment\_UP(t)$ 为设备设施性能提升量；$Equipment\_DP(t)$ 为设备设施性能衰退量。

设备设施的不断运转，势必会产生损耗和老化，运行时间越长，损耗和老化就越严重，地铁系统的运行性能就会出现下降。只有高质量的定期维护才能够有效控制和削弱这种性能下降的速度。此外，随着科技的进步，会不断涌现新的更高可靠性的设备，借助它们可以弥补现有设备设施系统的不足，实现对设备设施系统的加固和防护。因此地铁系统的运行时间决定了设备设施模块的衰退程度，而维护质量和防护加固决定了设备设施模块的性能提升程度。最终，构建的设备设施模块的流图如图 6-9 所示。

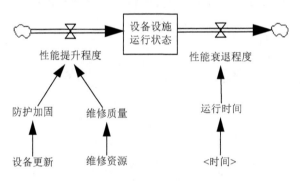

图 6-9 设备设施模块流图

3) 管理模块

从 MOV 的因果关系图可以看出，人员模块和设备设施模块中的环路会导致地铁系统运行出现震荡，无法起到稳定地铁系统的作用，能够改变这一趋势的就是管理模块。管理模块中，当地铁系统运行脆弱性不断上升，地铁公司管理决策层面对的组织管理压力（Management Pressure，MP）就会不断增大。此时，通过加强管理监督（Management Surpersion，MS）力度和提升安全投入（Safety Investment，SI）系数两种方式，可以将 MOV 控制在一定阈值内，涉及的主要变量方程式如下：

$$Management\_MP(t) = W_1 \times Management\_MS(t) + W_2 \times Management\_SI(t) \tag{6-8}$$

式中：$Management\_MS(t)$ 为管理监督的力度；$Management\_SI(t)$ 为安全投入系数；W_1 和 W_2 分别为管理监督力度和安全投入系数对应的权重。

管理监督力度将直接影响着地铁运营公司的管理规章制度(Rules and Regulations, RR)的完善程度,以及组织架构(Organizational Structure, OS)设计的合理和科学程度,相关方程式为:

$$Management\_MS(t) = W_1 \times Management\_RR(t) + W_2 \times Management\_OS(t) \tag{6-9}$$

式中:$Management\_RR(t)$为规章制度完善度;$Management\_OS(t)$为组织结构完善度;W_1和W_2分别为规章制度完善度和组织结构完善度对应的权重。

在人员模块中,人员的责任心就取决于地铁运营管理公司规章制度的完善程度,而科学的组织架构则有利于地铁职工之间的沟通和交流,继而决定了地铁人员会处于一个什么样的工作状态。对于管理模块中的安全投入,其力度直接决定了维修资源(Maintenance Resources, MR)是否充足,设备更新资金(Equipment Renewal, ER)是否充足,教育培训(Education and Training, ET)的频率是否足够,这些因素对人员模块和设备设施模块都有着很明显的作用,其中涉及的方程表示为式(6-10)。管理模块的流图如图6-10所示。

$$Management\_SI(t) = W_1 \times MR(t) + W_2 \times ER(t) + W_3 \times ET(t) \tag{6-10}$$

式中:$MR(t)$为维修资源完备度;$ER(t)$为设备更新资金充足度;$ET(t)$为教育培训力度;W_1、W_2和W_3分别为维修资源完备度、设备更新资金充足度和教育培训力度对应的权重。

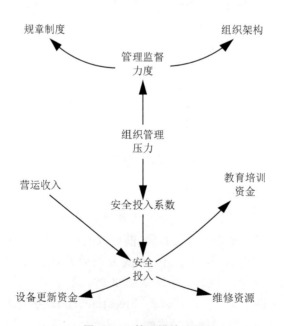

图6-10 管理模块流图

综合人员模块、设备设施模块和管理模块,形成最后的MOV流图,如图6-11所示。在总体流图模型中,共有2个状态变量、4个速率变量、23个辅助变量和3个常量,表6-1给出了详细的变量汇总。

表6-1 变量构成汇总表

变量类型	变量名称
状态变量	人员工作状态(L_{PWS});设备设施运行状态(L_{EOS})
速率变量	安全行为水平(R_{PU});不安全行为水平(R_{PD});设备设施性能提升量(R_{EU});设备设施性能衰退量(R_{ED})
辅助变量	人员安全意识(R_{P1});人员技术水平(R_{P2});人员责任心(R_{P3});人员合作交流(R_{P4});人员工作年限(R_{P5});人因错误量(R_{P6});设备运行时间(R_{E1});设备维修质量(R_{E2});设备更新(R_{E3});设备更新力度(R_{E4});维修资源(R_{E5});组织管理压力(R_{M1});安全投入系数(R_{M2});安全投入(R_{M3});设备更新资金(R_{M4});教育培训资金(R_{M5});教育培训力度(R_{M6});管理监督力度(R_{M7});规章制度(R_{M8});组织架构(R_{M9});客运量(R_{O1});营运收入(R_{O2})
常量	安全目标(C_1);人员知识水平(C_2);平均票价(C_3)

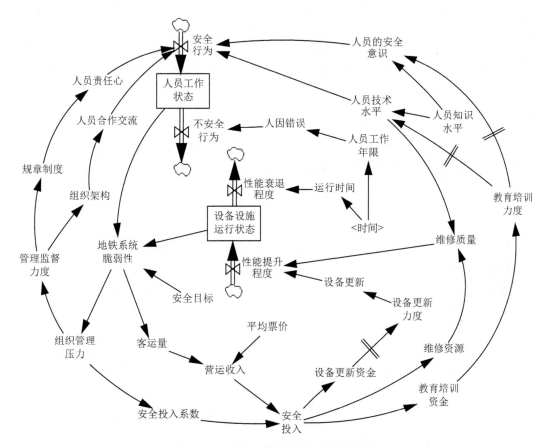

图6-11 地铁系统运行脆弱性流图模型

6.3 地铁系统运行脆弱性系统动力学模型仿真分析

6.3.1 地铁系统运行脆弱性 SD 模型初始化条件

以南京地铁为例,根据其实际情况及南京地铁公司相关专家的意见,参考文献[235-240]对其运行脆弱性的 SD 模型进行初始化。SD 模型的初始仿真时间设定为 0,仿真时长经综合考虑设为 40 年。对于仿真单位,如果选用月为单位,步长过长,仿真效果不理想,不利于观察变化,而如果选用年为单位,则会反映不出短期内地铁系统的变化,因此最终仿真单位选为季度,步长为 1 个季度,仿真时长对应为 160 个季度。由于所涉及的变量相对都较为抽象,主观性相对较强,因此大部分变量均为无量纲变量,它们的值将映射到 0~1 的范围内。

接下来,根据第 5 章对地铁系统运行脆弱性影响因素重要度评估的相关结果,确定 SD 流图模型中涉及的主要函数关系,并对初始变量进行赋值。由第 5 章地铁系统脆弱性影响因素的二阶因子模型可知,$V = 0.20 \times HU + 0.16 \times FA + 0.12 \times EN + 0.21 \times MA + 0.13 \times ST + 0.18 \times EM$,人员因素与设备设施因素对 MOV 影响程度的比值为 0.2∶0.12,进行归一化后为 0.625∶0.375,进而有

$$MOV = 0.625 \times (1 - L_{PWS}) + 0.375 \times (1 - L_{EOS})$$

为明确反映人员和设备状态的变化情况,方便对比,人员和设备设施初始状态均设定为 0.125,则人员行为状态和设备设施运行状态可表示为:

$$L_{PWS} = INTEG(R_{PD} - R_{PU}, 0.125)$$
$$L_{EOS} = INTEG(R_{ED} - R_{EU}, 0.125)$$

人员技术业务水平、人员安全意识、人员自身素质、人员身心状态在一阶因子模型中的荷载分别为 0.78、0.77、0.61 和 0.69,系统动力学模型中,人员自身素质等效为人员责任心,人员身心状态则等效为人员合作交流,故 R_{P1}、R_{P2}、R_{P3}、R_{P4} 对应系数为荷载归一化值 0.274、0.270、0.214、0.242,有:

$$R_{PU} = 0.274 \times R_{P1} + 0.270 \times R_{P2} + 0.214 \times R_{P3} + 0.242 \times R_{P4}$$

设备设施状态、设备设施性能和设备设施防护在一阶因子模型中的荷载分别为 0.63、0.66 和 0.57,系统动力学模型中,设备设施状态等效为设备设施维修质量,设备设施性能和防护等效为设备设施更新,故 R_{E2}、R_{E3} 对应系数为 0.506、0.494,有:

$$R_{EU} = 0.506 \times R_{E2} + 0.494 \times R_{E3}$$

人员的安全意识和技术业务水平受人员知识水平和教育培训力度的影响,由地铁系统脆弱性因素一阶模型的效应分析可知,管理因素对人员因素的影响系数为 0.34,而教育培训在管理因素的组内荷载为 0.66,则教育培训力度对人员安全意识和技术业务水平的影响系数为 0.081,通过教育培训,需经一段时间人员安全意识与技术业务水平才会有所提升,且安全意识较技术业务水平提升速度更慢,则有:

$$R_{P1} = 0.081 \times \text{DELAY1}(R_{M6}, 2, 0) \times \text{EXP}(C-2)$$
$$R_{P2} = 0.081 \times \text{DELAY1}(R_{M6}, 1, 0) \times \text{EXP}(C-2)$$

人员责任心受公司规章制度的制约,人员合作交流受企业组织架构的影响,规章制度和组织架构的组内荷载分别为 0.79 和 0.58,参照教育培训对人员安全意识影响系数,可以获取人员责任心与规章制度以及人员合作交流与组织架构间的影响因素,且它们之间的作用并没有延迟现象的存在,而是缓慢提升的过程,可以有:

$$R_{P3} = 0.097 \times \text{SMOOTH}(R_{M8}, 5)$$
$$R_{P4} = 0.071 \times \text{SMOOTH}(R_{M9}, 5)$$

设备设施的维修质量取决于人员技术水平及维修资源,设备更新则取决于设备更新力度,它们之间的关系如下:

$$R_{E2} = \text{EXP}(-3 \times R_{E5}) \times \text{EXP}(-3 \times R_{P2})$$
$$R_{E3} = \text{SMOOTH}(\text{PULSE TRAIN}(8, 2, 20, 160) \times R_{E4}), 8)$$
$$R_{E4} = \text{SMOOTH}(M_4, 5)$$
$$R_{E5} = 0.61 \times \text{LN}(M_3)$$

其余部分的管理因素变量的函数关系如下:

$R_{M1} = MOV + \text{IF THEN ELSE}(MOV - C_1 > 0, 0.5, 0)$

$R_{M2} = \text{WITH LOOKUP}(R_{M1}, ([(0, 0) - (1, 1)], (0, 0), (0.086, 0.026), (0.181, 0.072), (0.294, 0.114), (0.382, 0.145), (0.477, 0.193), (0.557, 0.237), (0.662, 0.443), (0.761, 0.443), (0.844, 0.610), (0.930, 0.779)))$

$R_{M3} = R_{M2} \times R_{O2}/200$

$R_{M4} = 0.15 \times \text{LN}(M_3)$

$R_{M5} = 0.14 \times \text{LN}(M_3)$

$R_{M6} = \text{SMOOTH}(R_{M6}, 5)$

$R_{M7} = \text{WITH LOOKUP}(R_{M1}, ([(0, 0) - (1, 1)], (0, 0), (0.028, 0.351), (0.162, 0.395), (0.294, 0.412), (0.382, 0.414), (0.477, 0.427), (0.557, 0.437), (0.608, 0.448), (0.734, 0.483), (0.829, 0.530), (0.948, 0.552)))$

$R_{O1} = 200 - 200 \times MOV \times 0.003$

$R_{O2} = C_3 \times R_{O1}$

6.3.2 地铁系统运行脆弱性 SD 模型检验

在对地铁系统运行脆弱性 SD 模型进行正式仿真分析之前,还需要检验模型的有效性,包括量纲的一致性检验和模型行为的适合性检验。这一过程可以借助 Vensim PLE 软件的"Units Check"予以实现,验证的结果如图 6-12 所示,说明模型通过检验,各方程式量纲一致,符合实际情况,对后续的现实管理工作会具有较大的指导意义。

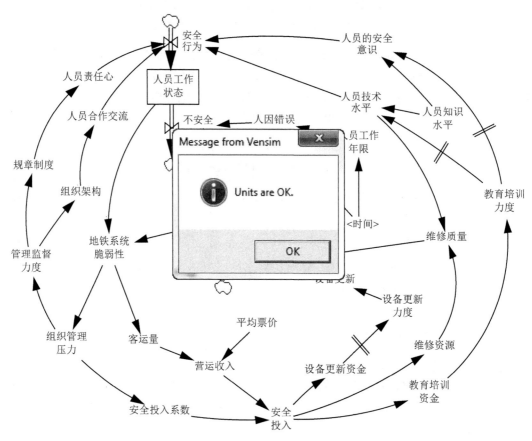

图 6-12　SD 模型量纲一致性检验

6.3.3　地铁系统运行脆弱性 SD 模型仿真分析

运行地铁系统运行脆弱性 SD 模型，得到的人员不安全行为水平的变化曲线和设备设施系统性能的退化曲线如图 6-13 和图 6-14 所示。从图 6-13 可以看出，人员不安全行为水平短期内波动幅度较大，而长期内波动幅度不大，这与实际情况也是相符的，地铁工作人员的工作表现不是一成不变的，知识、认知、环境、心情、时间等因素都可能会对工作表现造成不同程度的影响。在地铁系统运行前 10 年，由于工作人员对业务并不是非常熟悉，对设备设施的认知也不够深入，人员的不安全行为水平偏高。在第二个 10 年内，通过不断地进行安全教育培训，以及在日常管理活动中不断地积累经验，人员的不安全水平出现明显的下降。地铁经过 20 年的运营之后，人员对日常运营管理活动已相当熟悉，相关操作也比较娴熟，因此，在地铁系统运营后 20 年的仿真模拟中，人员的不安全行为进一步降低，波动幅度维持在 0.2 至 0.3 之间。

由图 6-14 可以知道，地铁系统在运营前期，设备设施都运转良好，其性能衰退量相对固定且处于低水平位置，通过简单的巡检和维修即可使得设备设施恢复原有的性能和状态。对照南京地铁，该地铁于 2005 年 5 月 15 日正式通车，到 2015 年 10 年间，南京地铁设备设施的故障率相比于上海地铁和北京地铁明显低很多。从第 15 年开始，设备设施的老化和磨

6 基于 SD 的地铁系统运行脆弱性仿真研究

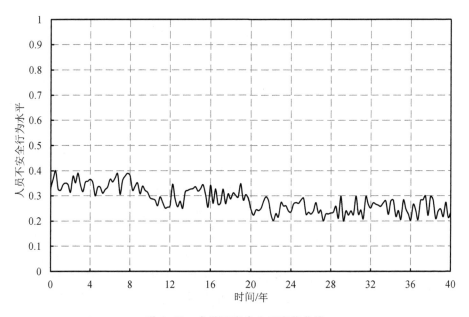

图 6-13 人员不安全水平变化曲线

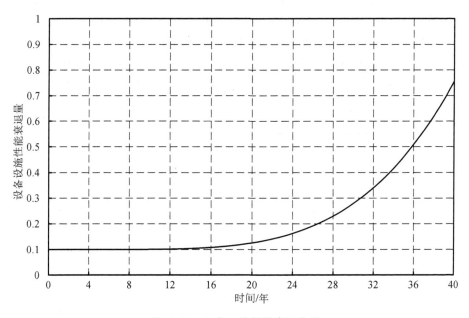

图 6-14 设备设施性能衰退曲线

损情况变得相对比较严重，性能衰退曲线开始上升。在第 30 年到第 40 年，设备设施的性能衰退曲线极限上升，这主要有两方面的原因：一方面是设备设施的使用年限比较长，已经到达设备设施的设计寿命期；另一方面，由于科学技术的进步，出现具备更多功能和性能更优异的新设备设施，当前设备设施的性能相比就更为落后。作为仅次于纽约市的美国第二大地铁系统，运营超过 30 年的华盛顿特区地铁就经常出现设备设施故障、线路老化，从而造成事故频发。2015 年 3 月，华盛顿地铁一条线路发生火情，导致 3 条线路延误，整个地铁系统关闭长达 29 小时，这也是 40 年来的首次。华盛顿地铁已认识到设备退化的严重程度，在

2016年公布了地铁全面"大修"计划——安全轨道(Safe Track)工程。从6月开始进行长达一年多的检修工程。因此，地铁运营时间越长，设备设施性能退化情况就会越严重，设备设施性能的退化量从前期的0.1上升到后期的0.75。

地铁系统的运行脆弱性曲线如图6-15所示，地铁系统运行脆弱性指标值大约在0.1到0.6范围内变动，曲线的波动幅度不大，地铁运营相对较为安全。从地铁运营初期的第1年到第6年，地铁脆弱性指标值一直缓慢上升并达到阶段内峰值0.3，在这段时间内，地铁系统中的设备设施运行状况较好，而人员对于各种突发状态还不能及时有效地处理，缺乏相关方面的经验，人员的不安全行为是造成地铁系统脆弱性指标值上升的主要因素。随后，从第7年开始，地铁脆弱性指标值出现回落，且回落幅度较地铁运营前期的上升幅度表现得更为明显，并一直保持下降趋势直至第23年，地铁系统脆弱性指标值达到谷值0.12，地铁运营表现得相当安全和可靠。这个阶段，地铁员工对日常运营管理工作已经较为熟悉，明确在这一过程中应当注意的重点和难点，已经有能力较好地应对各种突发状况。此外，在这个阶段，对地铁运营初期暴露出来的问题进行整改也是地铁系统变得更为安全的重要原因。在仿真的后半段，地铁运营超过了24年，设备设施的性能退化给地铁系统带来的负面影响逐渐暴露出来，脆弱性指标值迅速从谷值0.12上升到新的峰值0.55，到达整个仿真过程中的脆弱性的最大值。该阶段中，虽然人员的不安全行为水平进一步下降，但这并不能弥补系统设备设施的性能变化给地铁系统带来的影响。此时，地铁系统应该进行大范围的设备更新，对老旧设备进行升级，采取类似美国华盛顿地铁的"大修"计划。此外，从图6-15还可以看出，相比于人员行为给地铁系统带来的影响，设备设施给地铁系统带来的变化更为明显，这是因为人员行为短期内的波动并没有在最终的地铁系统脆弱性变化曲线中有显著的反映。

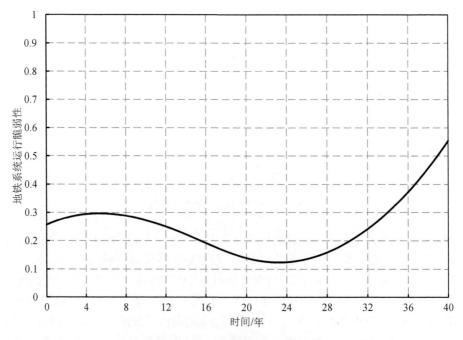

图6-15 地铁系统运行脆弱性曲线

现代地铁系统的运营，通过采取更多高科技的方法和手段，如地理信息系统（Geographic Information System，GIS）技术、智能视频监控（Intelligent Video Surveillance，IVS）技术，应用更智能和精确的设备，如列车自动控制系统（Automatic Train Control，ATC）、环境与设备监控系统（Building Automation System，BAS）、电力监控系统（Supervisory Control and Data Acquisition，SCADA）、火灾自动报警系统（Fire Alarm System，FAS）、综合监控系统（Integrated Supervision Control System，ISCS）、乘客资讯系统（Passenger Information System，PIS），来构建更有安全保障的地铁系统，实现地铁系统自动化运行。人工干预会降低系统的可靠性、响应性和运营效率，利用这些新兴的技术与设备，能够减少人为干预，从而最大限度地降低人为操作错误发生的概率，以及人为行为给地铁系统造成的影响。然而，通过减少人工干预实现地铁安全运营的同时，也给地铁系统中设备设施的质量提出了更高的要求，无形中增大了设备设施模块对地铁运营的影响力度，这些在地铁系统运行脆弱性变化曲线中也有很好的体现。

总体来说，于2005年开通运营的南京地铁目前脆弱性指标值较低，系统处于相对较为安全的运行状态。根据地铁系统运行脆弱性曲线，南京地铁将会在后续运营中表现出较强的脆弱性，因此有必要提前制定相应的策略和措施来抑制这一趋势，使地铁系统始终处于安全的运行状态。

由地铁系统运行脆弱性的因果关系图可知，管理模块能够有效抑制地铁系统脆弱性的上升。因此从管理模块中选取增强管理监督力度和加大安全投入力度两种策略，考察它们对抑制脆弱性上升所起到的效果，进行管理监督力度和安全投入力度的敏感性分析。

分别模拟地铁系统在增加10%的安全投入和增加20%的安全投入下地铁系统运行脆弱性的变化，敏感性分析的结果如图6-16所示。从该图可以看出，增加安全投入能够起到抑制地铁系统运行脆弱性指标值上升的效果。更具体地说，增加安全投入对整个地铁系统

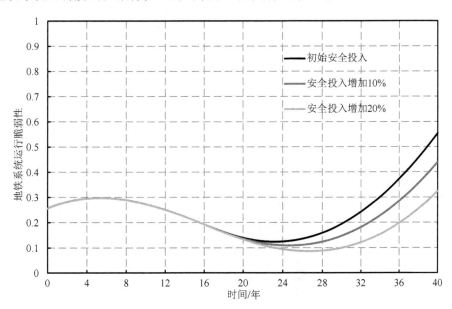

图6-16　不同安全投入对地铁运行脆弱性敏感性分析

运营前期并没有显著影响。在前 20 年里,初始安全投入、增加 10% 安全投入和增加 20% 安全投入的曲线几乎重合在一起,这段时间内,造成地铁系统运行脆弱性波动的主要原因并不是安全生产投入。在地铁运营前期,地铁运营公司的资金一般较为充足,安全投入力度完全跟得上,地铁系统的运行脆弱性对安全投入完全不敏感。到了仿真的后半段,即地铁运营超过 20 年后,安全投入的重要性逐渐显现出来。安全投入增加 10% 后,地铁系统脆弱性指标值的上升趋势得以进一步抑制,地铁系统运行脆弱性上升的时间得以延后,并且上升幅度也出现缩减。最终在第 40 年,相比于原先脆弱性指标的 0.55,增加 10% 安全投入后的脆弱性指标值降低为 0.44,下降了 20%。而增加 20% 安全投入后的地铁运行脆弱性降低幅度更大,最后稳定在 0.32,下降了 42%。不仅如此,增加 20% 安全投入的应对策略,还在地铁运营中期进一步延续了地铁系统脆弱性下降的趋势,延缓了地铁系统运行脆弱性抬头的时间。由此可见,安全投入对于地铁运营而言,特别是在地铁运营后期,所起到的作用是非常明显而且有效的,地铁运营公司应该保证地铁系统具有充足的安全生产投入。

地铁运营超过一段时间后,政府主管部门和地铁企业应当清楚地知道该地铁系统的安全状况和整改目标,地铁企业要能够处理好生产-安全的关系和安全-经济的关系,合理投入安全资金,将地铁运营限定在一个合理的、可接受的水平上,避免不必要的资金浪费,这样地铁系统才能实现安全、可靠而又经济的稳定运行。

对于安全监管力度,同样模拟加强管理监督力度 10% 和 20% 下地铁系统运行脆弱性的变化,其敏感性曲线如图 6-17 所示。由图 6-17 可知,加强管理监督力度可以抑制地铁系统运行脆弱性指标值的上升。无论是增加 10% 的管理监督力度还是增加 20% 的管理监督力度,这种效果在地铁运营初期就能够体现出来,带来脆弱性指标值的下降。通过加大管理监督力度,不断完善管理规章制度,健全管理机构组织架构,制定更为有效的安全策略和管理系统,推进地铁运营安全管理,能够营造出优秀的安全文化氛围,在这样的安全氛围中,地铁

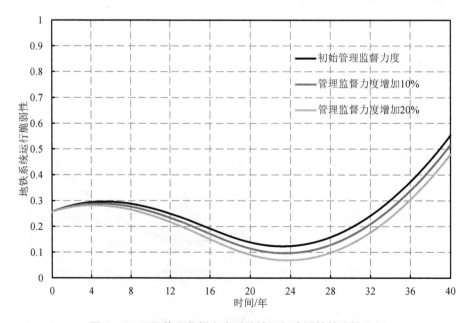

图 6-17 不同管理监督力度对地铁运行脆弱性敏感性分析

工作人员工作会更为仔细和认真,从而一定程度上降低了隐患出现的概率,减少危害事件发生的次数,确保了地铁的运营安全。可以看出,在加大 20% 管理监督力度下,地铁系统运行脆弱性甚至跌破 0.1,将近 0.07,与同期的初始地铁系统脆弱性指标相比,降低了 73%。加大管理力度给地铁运营安全带来的增益效果非常显著。在仿真曲线后半段,地铁运营超过 25 年,加强管理监督力度给地铁系统带来的增益效果大致相同。增加 10% 管理监督力度的策略下,地铁系统运行脆弱性指标值降幅为 9%,而增加 20% 管理监督力度的策略下,地铁系统运行脆弱性指标值降幅更大,为 18%。由此可知,地铁运营部门加强安全监督管理也是提升地铁运营安全的一条有效途径。

综合来看,增强管理监督力度和加大安全投入力度两种策略都对降低地铁系统运行脆弱性起到一定的增益效果,这两种策略的对比曲线如图 6-18 所示。不难看出,增加管理监督力度在前期给地铁运营带来的增益效果比较明显,而加大安全投入在后期对地铁运营安全更有作用,效果更加理想。究其原因,这主要是因为在地铁运营前期,工作人员对地铁系统还不够熟悉,对于突发状况的应对策略还不够完善,人员行为对地铁运营安全所起到的作用较大。这时通过加强监管力度,规范工作人员行为,让他们从意识上提高警惕,防范各种潜在威胁,对提升地铁系统运行安全性起到较大的作用。到了地铁运营后期,设备设施的老化和耗损及性能退化给地铁运营安全带来的影响越来越大。此时,地铁运营管理公司需要对这些老旧设备设施进行更换,采购性能更为优异的先进设备,以此来提高地铁系统的运行安全性。在这样的背景下,配备充足的安全投入就显得尤其重要,安全投入对地铁运营安全的作用就日益凸显出来。

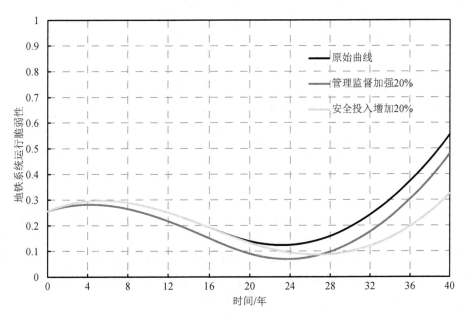

图 6-18 不同策略对地铁运行脆弱性敏感性分析

6.3.4 地铁系统脆弱性调控措施及建议

通过建立地铁系统运行脆弱性的 SD 模型,对南京地铁进行仿真分析可知,降低现行南京地铁系统运行脆弱性的措施有如下几条：

1) 不断完善安全监管体系

在"安全至上"的经营方针指导下，地铁公司应该制定并不断完善安全监督管理体系，加强监督管理力度，推行安全管理计划，以此来消除隐患、减少危险。进一步加强运营时段的现场监管力度，使之成为确保地铁运营始终处于可控状态的重要手段，这种管理监督力度应当渗透到运营一线，做到抓小防大。利用安全检查，通过查隐患、查整改、查落实，加强管理，加大监督，控制人的不安全行为、设备设施的不安全状态和环境不良因素对安全运营的影响。

2) 保证充足的安全投入

充足的安全投入是地铁实现安全运营的重要保障，需要将保障安全投入作为杜绝安全事故的治本之策。地铁公司确保安全投入，需要保证安全设备和设施齐备并且尽量采用先进可靠的设备设施，需要不断强化安全生产教育，扩大安全培训费用，努力提高人员的技术业务水平和安全意识，需要有足够的资金进行地铁紧急状况的演练和演习，提升相关部门处理紧急事故的能力。建立保证安全投入的监督体系和责任追究制度，力求将每一份安全投入落实到位。

3) 提高地铁员工的作业能力

地铁员工在地铁运营过程中扮演着设备使用者和设备维护者的重要角色，操作失误或维修检测不到位，极易产生重大的安全隐患，对地铁的安全运行造成严重的威胁。而优秀的作业能力不仅有利于设备设施保持良好的运行状态，也有利于营造优秀的运营环境。因此，平时需要注重地铁工作人员技术水平的提升和安全意识的培养，努力提高对各种威胁的识别能力和自身处理各类突发事件和干扰事件的能力，力求在灾害发生时，能够做到有条不紊地处理各种情况。

4) 加强安全文化建设

地铁安全文化的建设就是要在地铁运营公司的日常工作中营造一种浓厚的安全文化氛围，让每位地铁员工的工作行为都自然、自觉地规范到这种安全价值取向和安全行为的准则中来，从而有效地提高地铁运营的安全性和可靠性。学习安全生产法律法规、编制公司安全文化手册、参加安全技术知识和安全管理知识的培训、定期开展安全评估都能够有效提高员工的安全素养，树立良好的安全文化氛围。

5) 提升地铁应对干扰事件的能力

对于各种突发性干扰事件，应具备相关的应急预案，完善相应的应急处置措施，最大限度降低干扰事件对地铁运营带来的不利影响。对于已经发生的干扰事件，按照"四不放过"的原则，对事故苗头和安全隐患进行分析和处理，坚持从管理上找原因、查漏洞、定措施，通过分析查找原因、整改隐患、完善规章、改进管理、举一反三，防止同类事故重复发生，认真落实"预防为主"的方针政策，切实提高地铁应对突发干扰事件的能力。

6.4 本章小结

在现代及未来的城市地铁运营过程中，要保证良好、安全、稳定的运输能力，减少事故及危害的发生，就必须明确地铁运行脆弱性影响因素是如何作用于地铁系统的，以及这些因素最终导致地铁系统运行脆弱性如何变化。鉴于此,本章利用系统动力学(System Dynamic,SD)模型,建立了地铁系统运行脆弱性 SD 模型。首先,对系统动力学的概念和相关理论进行了介绍,给出了系统动力学的建模原则和建模步骤,确定了地铁系统运行脆弱性的建模目的和边界。然后,以地铁运行脆弱性影响因素的解释结构模型为基础,明晰了脆弱因子间的动态反馈关系,从人员、设备设施和管理三个模块构建了地铁系统运行脆弱性的因果关系图,并生成了地铁系统运行脆弱性的流图模型。最后以南京地铁系统为例,基于地铁系统运行脆弱性的结构方程模型,结合专家意见,量化了脆弱因素间的函数关系,对各变量进行赋值,利用系统动力学仿真建模软件 Vensim PLE 模拟了南京地铁系统运行脆弱性 40 年的变化情况。结果表明:地铁系统的脆弱性总体呈现不断上升的趋势,这种趋势在地铁系统运行超过 30 年后特别明显;采取强化监督管理和加大安全投入的干预策略,脆弱性能够得到显著控制,强化监督管理在仿真前中期就取得较为理想的效果,加大安全投入的效果在仿真后期更为明显,这些结论能够为地铁系统脆弱性的调控提供理论指导和实践价值。

7 总结与展望

7.1 主要研究工作及其结论

通过对大量的国内外文献进行系统性梳理和综合分析,理论与实践相结合,定性分析与定量分析相结合,将脆弱性的概念引入城市地铁系统运营中,对地铁系统运行脆弱性进行了仿真分析,并在此过程中,将结果予以应用,给出了控制地铁系统运行脆弱性的方法与策略。本书完成的主要工作如下:

(1) 通过详细的文献综述,从事故模型研究现状、地铁运营安全研究现状、不同领域脆弱性研究现状和系统仿真方法研究现状四个方面,对相关研究进行了总结和评述,指出目前地铁运营安全研究主要存在以下方面不足:缺少对地铁运营事故的深层挖掘;针对地铁系统运行脆弱性的研究很少;对地铁运营干扰源、干扰事件以及干扰事件之间的联系缺少关注;没有从整体角度把握脆弱性对地铁系统影响的研究。明确了需要解决的三个问题:如何理解地铁系统运行脆弱性的含义及其形成机理;如何构建地铁运营干扰事件网络并分析其特性;如何明晰地铁系统运行脆弱因子对地铁安全运营造成的影响。

(2) 地铁系统作为典型的复杂大型开放系统,有着独特的系统结构和特性,众多子系统协同工作才能实现运输功能,在运营过程中表现出区别于其他公共交通方式的特性。为清晰界定本书的研究对象——地铁系统运行脆弱性(Metro Operation Vulnerability, MOV),介绍了地铁系统及其运行特点。基于脆弱性的一般概念,分析了各个领域中脆弱性的定义,并辨析了脆弱性与可靠性、稳定性、鲁棒性和恢复力之间的区别和联系。在此基础上,给出MOV的含义并通过数学语言进行了解析,形成MOV的基本内涵和外延,明确了MOV的形成机理,接着通过熵增原理对形成机理做进一步解释,从而确定了MOV的具体研究层次和主要需要解决的问题。

(3) 地铁系统干扰源是激发MOV引起地铁事故的一个重要原因,需对地铁系统干扰源进行系统化的全面分析,解析其拓扑特性。首先以风险清单和地铁运营事故案例为基础,归纳出地铁运行干扰源的类型并利用事件链构建了干扰源间的联系,形成地铁系统运行干扰事件网络(Metro Operation Disruptive Events Network, MODEN)。对于该干扰事件网络,借助复杂网络基本理论(Complex Network Theory, CNT),选取网络密度、度及度分布、平均路径长度和聚类系数四个基本统计特征指标,对MODEN的静态结构进行了分析,考察MODEN是否拥有现实网络广泛具备的小世界特性和无标度特性。引入节点中心性指标确定节点的重要程度,通过观察以不同顺序、不同规模移除重要节点后MODEN网络效率的变化,明确MODEN的动态特性,进而制定出降低地铁干扰源影响、提升地铁系统运行安全水平的最佳策略。

（4）地铁系统运行脆弱性影响因素是激发 MOV 造成地铁事故的另一个重要原因，需要系统全面地梳理地铁系统运行脆弱性影响因素及其之间的关系。首先邀请专家对人员、设备设施、环境、管理、结构和应急六方面的 20 个脆弱因素进行精炼，接着对保留的脆弱因素之间的直接关系进行判断，以专家判断的结果为基础，运用集成解释结构模型和交叉矩阵相乘分类法的分析方法，对获取的脆弱因子进行分层和分类，明确它们之间的关系，揭示它们对地铁系统的作用机理，为后续的仿真研究提供基本的建模基础。

（5）对于识别的地铁系统脆弱性影响因素，通过问卷调查的方式获取各脆弱因素的重要程度。首先，对问卷进行了信度和效度检验，确保问卷的可信性和真实性，考察了反映重要度的一个指标——各个脆弱因素在其所在维度的均值；然后，利用结构方程模型（Structural Equation Model，SEM），以地铁系统脆弱性影响因素的解释结构模型，提出人员、设备设施、管理和应急四个维度脆弱因素间 6 条假设关系，构建脆弱因素的一阶因子模型；以地铁系统脆弱性影响因素的识别框架，构建 MOV 与六个维度脆弱因素的二阶因子模型；最后，对两个 SEM 模型进行检验和修正，利用 SEM 模型参数估计结果中的路径系数和影响系数，可以对人员、设备设施、管理和应急四个维度脆弱因素间的影响效应进行量化，为后续研究奠定定量的研究基础。

（6）地铁系统运行脆弱性影响因素间的非线性作用造成地铁系统承载力不足，其运行具有较强的脆弱性。通过系统动力学（System Dynamic，SD）建模技术，首先明确建模目的和系统边界，确定模型中涉及的变量；然后，基于地铁系统运行脆弱性影响因素的解释结构模型，明晰它们之间的动态耦合关系，生成地铁系统运行脆弱性因果关系图，并建立相应的流图模型，在此基础上，根据影响因素的结构方程模型确定流图模型中各变量的取值及变量间的函数关系；最后，基于 Vensim PLE 仿真平台，对南京地铁系统的运行脆弱性展开实例仿真分析，验证地铁系统运行脆弱性 SD 模型的合理性和有效性，明确系统脆弱性的变化情况，对比不同干预策略对地铁系统运行脆弱性的抑制效果，进而识别出各阶段的最佳策略，为地铁运营管理工作提供决策支持。

7.2　创新点

（1）揭示了地铁系统运行脆弱性的内涵及其形成机理。借鉴其他领域有关脆弱性的定义，辨析脆弱性与可靠性、稳定性、鲁棒性、恢复力等概念的区别与联系，考虑地铁运营的本质特征，形成地铁系统运行脆弱性的内涵，并通过数学语言描述了这一内涵，基于等级全息模型，系统地梳理了地铁系统运行脆弱性影响因素，明晰系统运行干扰源和脆弱因素对地铁系统的作用过程，阐明了地铁系统运行脆弱性的形成机理，利用熵增原理对地铁系统运行脆弱性的形成机理做了进一步诠释。

（2）构建了地铁运行干扰源复杂网络，解析了该网络的静态和动态拓扑结构特性。以地铁事故和地铁运营风险清单为基础，梳理出 26 类地铁干扰源类型，以地铁运营干扰事件为节点，以干扰事件之间的联系为边，通过事故链形成了地铁运营干扰事件网络。利用复杂网络基本理论，解析了该网络的静态和动态特性，明确地铁运营干扰事件网络具有小世界特性和无标度特性，有效识别出弱化网络连通性和降低干扰源连锁效应的最佳方式，为降低地铁系统运行脆弱性、保障地铁系统运行安全提供参考。

(3) 构建了地铁系统运行脆弱性的系统动力学仿真模型,揭示了地铁系统运行脆弱性随时间变化的根本原因。基于文献调研,采用等级全息模型,系统地梳理了地铁系统脆弱性影响因素,通过专家调查明确了这些因素之间的直接关系,利用解释结构模型和交叉矩阵相乘分类法,对这些脆弱因子进行了分层和分类,明确脆弱因素对系统的作用机理,以此形成了地铁系统运行脆弱性的因果关系图;接着通过结构方程模型,对基于 HHM 及 ISM 的脆弱因素假设模型进行了验证,量化了脆弱因素间的联系,继而形成地铁系统运行脆弱性流图模型,利用 Vensim PLE 仿真平台,以南京地铁为例,对构建的系统动力学模型展开仿真分析,模拟出地铁系统运行脆弱性的变化情况,识别出抑制脆弱性上升的有效手段。

7.3 研究不足及展望

(1) 地铁系统运行脆弱性的研究是一个比较新的课题,本书的研究对象较多,涉及范围较广,这也使得很多因素并没有进行深入的挖掘和研究,比如,乘客的行为、设备设施的性能和状态等。这些地铁运行过程中的薄弱环节没有加以展开,因此在未来的研究中,需要对这些进行更加深入的分析,对乘客的不安全行为、不同设备设施带来的干扰事件进行细致的分类和总结。

(2) 地铁运营干扰事件网络是基于地铁运营事故形成的,随着更多的地铁系统投入运营及地铁运行年份的增加,有些干扰事件之间的联系可能会消失,同时也有可能因为科技的进步,使得原本没有联系的干扰事件建立联系,也会出现新的干扰事件以及新的干扰事件之间的联系,因此需要对这个地铁运营干扰事件网络进行定期更新。在未来的研究中,可以观察不同时期的地铁系统或者不同城市的地铁系统是否会形成不同的地铁运营干扰事件网络,将不同的地铁运营干扰事件网络与本研究的网络进行对比分析,考察网络的不同特性。此外,不同干扰事件间的联系在本研究中假定是相同的,但事实上,联系的强度及传播的速度是不同的,这也是进一步研究的方向。

(3) 本书构建的地铁系统运行脆弱性系统动力学模型,其中的变量多为无量纲变量,这与地铁运营的实际情况存在一定的出入,尽管能反映出地铁运营的行为特征和脆弱性的变化情况,但精度还有进一步提升的空间,在未来的研究中,可以通过实时跟踪地铁运营公司的日常管理,获取更多的一手数据,对现有的系统动力学模型进行再加工和优化,让得到的结果与实际情况更加吻合。

参考文献

[1] Kong X, Xu Z, Shen G, et al. Urban traffic congestion estimation and prediction based on floating car trajectory data[J]. Future Generation Computer Systems, 2016, 61:97-107

[2] Gwilliam K M. Cities on the move: a World Bank urban transport strategy review [M]. Washington, D C: World Bank Publications, 2002

[3] Shi C, Zhong M, Nong X, et al. Modeling and safety strategy of passenger evacuation in a metro station in China[J]. Safety Science, 2012, 50(5):1319-1332

[4] Murray-Tuite P, Wernstedt K, Yin W. Behavioral shifts after a fatal rapid transit accident: A multinomial logit model[J]. Transportation Research Part F: Traffic Psychology and Behaviour, 2014, 24:218-230

[5] 万欣. 乘客行为干扰下地铁车站运行脆弱性分析与仿真研究[M]. 南京：东南大学出版社, 2018

[6] 韩豫. 地铁运营安全保障机制研究[D]. 南京：东南大学, 2013

[7] 袁竞峰, 李启明, 贾若愚, 等. 城市地铁网络系统运行脆弱性分析[J]. 中国安全科学学报, 2012, 22(5):92-98

[8] Leveson N. A new accident model for engineering safer systems[J]. Safety Science, 2004, 42(4):237-270

[9] Khan F I, Abbasi S A. Major accidents in process industries and an analysis of causes and consequences[J]. Journal of Loss Prevention in the Process Industries, 1999, 12(5):361-378

[10] Heinrich H W. Industrial accident prevention: a scientific approach[M]. New York: McGraw-Hill, 1931

[11] Heinrich H W, Petersen D, Roos N. Industrial accident prevention[M]. New York: McGraw-Hill, 1980

[12] Bird F E, Germain G L. Practical loss control leadership[M]. Loganville: Det Norske Veritas, 1996

[13] Amyotte P R, Oehmen A M. Application of a loss causation model to the Westray mine explosion[J]. Process Safety and Environmental Protection, 2002, 80(1):55-59

[14] Hendrick K, Benner L. Investigation accidents with STEP[M]. New York: Marcel Dekker, 1987

[15] Kontogiannis T, Leopoulos V, Marmaras N. A comparison of accident analysis

techniques for safety-critical man-machine systems[J]. International Journal of Industrial Ergonomics, 2000, 25(4):327-347

[16] Reason J. Managing the risks of organizational accidents[M]. Aldershot, UK: Ashgate, 1997

[17] Gibson J J. The contribution of experimental psychology to the formulation of the problem of safety—a brief for basic research[J]. Behavioral approach to accident research, 1961, 61(1):77-89

[18] Haddon W. Advances in the epidemiology of injuries as a basis for public policy[J]. Public Health Reports, 1980, 95(5):411-421

[19] Zhou Z, Irizarry J. Integrated framework of modified accident energy release model and network theory to explore the full complexity of the Hangzhou subway construction Collapse[J]. Journal of Management in Engineering, 2016, 32(5):05016013

[20] Reason J. Human error[M]. Cambridge: Cambridge University Press, 1990

[21] Milch V, Laumann K. Interorganizational complexity and organizational accident risk: A literature review[J]. Safety Science, 2016, 82:9-17

[22] Hollnaggel E. Barriers and accident prevention[M]. Aldershot, UK: Ashgate, 2004

[23] Rasmussen J. Risk management in a dynamic society: a modelling problem[J]. Safety Science, 1997, 27(2-3):183-213

[24] Salmon P M, Goode N, Archer F, et al. A systems approach to examining disaster response: using accimap to describe the factors influencing bushfire response[J]. Safety Science, 2014, 70:114-122

[25] Leveson N. A systems approach to risk management through leading safety indicators[J]. Reliability Engineering & System Safety, 2015, 136:17-34

[26] Underwood P, Waterson P. Systems thinking, the Swiss Cheese Model and accident analysis: a comparative systemic analysis of the grayrigg train derailment using the ATSB, AcciMap and STAMP models[J]. Accident Analysis & Prevention, 2014, 68:75-94

[27] Kawakami S. Application of a systems-theoretic approach to risk analysis of high-speed rail project management in the US[D]. Cambridge: Massachusetts Institute of Technology, 2014

[28] De Carvalho P V R. The use of Functional Resonance Analysis Method (FRAM) in a mid-air collision to understand some characteristics of the air traffic management system resilience[J]. Reliability Engineering & System Safety, 2011, 96(11):1482-1498

[29] Ouyang M, Hong L, Yu M-H, et al. STAMP-based analysis on the railway accident and accident spreading: taking the China-Jiaoji railway accident for example[J]. Safety Science, 2010, 48(5):544-555

[30] Ottino J M. Complex systems[J]. AIChE Journal, 2003, 49(2):292-299

[31] Rausand M. Risk assessment: theory, methods, and applications[M]. Hoboken, NJ: John Wiley & Sons, 2011

[32] Li Q M, Song L L, List G, et al. A new approach to understand metro operation safety by exploring metro operation hazard network (MOHN)[J]. Safety Science, 2017, 93:50-61

[33] Lu Y, Li Q, Song L. Safety risk analysis on subway operation based on socio-technical systems [C]. Quality, Reliability, Risk, Maintenance, and Safety Engineering (ICQR2MSE), 2012: 180-184

[34] Yan L, Tong W, Hui D, et al. Research and application on risk assessment DEA model of crowd crushing and trampling accidents in subway stations[J]. Procedia Engineering, 2012, 43:494-498

[35] Marzouk M, Aty A A. Maintaining subways infrastructures using BIM[C]. Construction Research Congress, 2012: 2320-2328

[36] Kyriakidis M, Hirsch R, Majumdar A. Metro railway safety: an analysis of accident precursors[J]. Safety Science, 2012, 50(7):1535-1548

[37] Kyriakidis M, Majumdar A, Grote G, et al. Development and assessment of taxonomy for performance-shaping factors for railway operations[J]. Transportation Research Record: Journal of the Transportation Research Board, 2012(2289): 145-153

[38] Beroggi G E. Integrated safety planning for underground systems[J]. Journal of Hazardous Materials, 2000, 71(1):17-34

[39] Lu Y, Li Q, Xiao W. Case-based reasoning for automated safety risk analysis on subway operation: case representation and retrieval[J]. Safety Science, 2013, 57: 75-81

[40] Song X-m, Li C-y. Subway station operational safety analysis method based on spatial and temporal resource analysis [C]. CICTP 2014: Safe, Smart, and Sustainable Multimodal Transportation Systems: ASCE, 2014: 2660-2665

[41] Chung J D, Kim J G, Bae D S. Safety diagnosis of collided subway electric multiple units (EMUs)[C]. Key Engineering Materials: Trans Tech Publications, 2005: 1876-1881

[42] Wang L, Yan X, Wang Y. Modeling and optimization of collaborative passenger control in urban rail stations under mass passenger flow[J]. Mathematical Problems in Engineering, 2015, 2015:8

[43] 赵惠祥,陆正刚,耿传智. 基于Petri网的城市轨道交通系统运营可靠性模型[J]. 同济大学学报(自然科学版), 2006, 34(3):355-358

[44] 徐瑞华,张铭,王志强. 基于工作流的轨道交通应急管理系统设计与实现[J]. 同济大学学报(自然科学版), 2008, 36(6):754-759

[45] 夏利华,魏鹏. 基于RAMS的地铁防灾管理[J]. 都市快轨交通, 2010, 23(5):101-105

[46] 涂继亮, 董德存. 城市轨道交通安全智能融合监控体系的构建[J]. 城市轨道交通研究, 2012, 15(4):77-81

[47] 万欣, 李启明, 袁竞峰. 乘客异常行为引发地铁运行延误事件关键路径识别[J]. 中国安全科学学报, 2014, 24(9):152-158

[48] 陆莹, 李启明, 周志鹏. 基于模糊贝叶斯网络的地铁运营安全风险预测[J]. 东南大学学报(自然科学版), 2010, 40(5):1110-1114

[49] Pan H, Tu J, Zhang X, et al. The FTA based safety analysis method for urban transit signal system[C]. Reliability, Maintainability and Safety (ICRMS), 2011 9th International Conference on: IEEE, 2011:527-532

[50] Lu Y, Li Q, Hinze J. Subway system safety risk analysis based on Bayesian network[M]//Wu D D, et al. Modeling risk management in sustainable construction. New York: Springer, 2011:219-227.

[51] Wang J, Fang W. A structured method for the traffic dispatcher error behavior analysis in metro accident investigation[J]. Safety Science, 2014, 70:339-347

[52] Wang Z, Su G, Skitmore M, et al. Human error risk management methodology for rail crack incidents[J]. Urban Rail Transit, 2015, 1(4):257-265

[53] 赵国敏, 刘茂, 张青松, 等. 基于博弈论的地铁车站恐怖袭击风险定量研究[J]. 安全与环境学报, 2006, 6(3):47-50

[54] 何杰, 张娣, 张小辉, 等. 基于FTA-Petri网的地铁火灾事故安全性研究[J]. 中国安全科学学报, 2009, 19(10):77-82

[55] 李熙, 张元, 贾利民. 基于影响图理论的地铁车辆走行系统安全评估方法研究[J]. 中国安全科学学报, 2013, 23(11):43-47

[56] 米红甫, 肖国清, 王林元, 等. 地铁车站火灾风险的概率模糊评估研究[J]. 安全与环境学报, 2015(5):16-20

[57] Zhong M, Shi C, Tu X, et al. Study of the human evacuation simulation of metro fire safety analysis in China[J]. Journal of Loss Prevention in the Process Industries, 2008, 21(3):287-298

[58] Roh J S, Ryou H S, Park W H, et al. CFD simulation and assessment of life safety in a subway train fire[J]. Tunnelling and Underground Space Technology, 2009, 24(4):447-453

[59] Jiang C S, Deng Y F, Hu C, et al. Crowding in platform staircases of a subway station in China during rush hours[J]. Safety Science, 2009, 47(7):931-938

[60] Jiang C S, Yuan F, Chow W K. Effect of varying two key parameters in simulating evacuation for subway stations in China[J]. Safety Science, 2010, 48(4):445-451

[61] Tsukahara M, Koshiba Y, Ohtani H. Effectiveness of downward evacuation in a large-scale subway fire using Fire Dynamics Simulator[J]. Tunnelling and Underground Space Technology, 2011, 26(4):573-581

[62] Li Y, Lin X, Feng X, et al. Life safety evacuation for cross interchange subway station fire[J]. Procedia Engineering, 2012, 45:741-747

[63] Qu L, Chow W K. Common practices in fire hazard assessment for underground transport stations[J]. Tunnelling and Underground Space Technology, 2013, 38: 377-384

[64] 史聪灵, 钟茂华, 刘智成, 等. 地铁高架车站火灾时人员疏散的性能化设计[J]. 中国安全生产科学技术, 2007, 3(4): 11-15

[65] 廖艳芬, 马晓茜. 基于元胞自动机的地铁火灾疏散动态分析[J]. 系统仿真学报, 2008, (24): 6607-6612

[66] 马金宁, 韩新, 丛北华. 地铁列车火灾中的人员疏散仿真研究[J]. 灾害学, 2010, 25(S1): 146-149

[67] 徐滢, 叶永峰, 蒋燕锋, 等. 地铁车站人员安全疏散仿真理论分析与应用[J]. 中国安全科学学报, 2010, 20(3): 39-45

[68] 何健飞, 刘晓. 基于拥挤度的地铁应急疏散路径优化方法[J]. 中国安全科学学报, 2013, 23(2): 166-171

[69] Brooks N, Neil Adger W, Mick Kelly P. The determinants of vulnerability and adaptive capacity at the national level and the implications for adaptation[J]. Global Environmental Change, 2005, 15(2): 151-163

[70] 徐广才, 康慕谊, 贺丽娜, 等. 生态脆弱性及其研究进展[J]. 生态学报, 2009, 29(5): 2578-2588

[71] Schröter D, Polsky C, Patt A G. Assessing vulnerabilities to the effects of global change: an eight step approach[J]. Mitigation and Adaptation Strategies for Global Change, 2005, 10(4): 573-595

[72] 吴绍洪, 尹云鹤, 赵慧霞, 等. 生态系统对气候变化适应的辨识[J]. 气候变化研究进展, 2005, 1(3): 115-118

[73] 贺新春, 邵东国, 陈南祥, 等. 几种评价地下水环境脆弱性方法之比较[J]. 长江科学院院报, 2005, 22(3): 17-20

[74] 乔青, 高吉喜, 王维, 等. 生态脆弱性综合评价方法与应用[J]. 环境科学研究, 2008, 21(5): 117-123

[75] 汪邦稳, 汤崇军, 杨洁, 等. 基于水土流失的江西省生态安全评价[J]. 中国水土保持科学, 2010, 8(1): 51-57

[76] Janssen M A, Schoon M L, Ke W, et al. Scholarly networks on resilience, vulnerability and adaptation within the human dimensions of global environmental change[J]. Global Environmental Change, 2006, 16(3): 240-252

[77] Murray A T, Matisziw T C, Grubesic T H. Critical network infrastructure analysis: interdiction and system flow[J]. Journal of Geographical Systems, 2007, 9(2): 103-117

[78] Fouad A, Zhou Q, Vittal V. System vulnerability as a concept to assess power system dynamic security[J]. IEEE Transactions on Power Systems, 1994, 9(2): 1009-1015

[79] Albert R, Albert I, Nakarado G L. Structural vulnerability of the North American

power grid[J]. Physical Review E, 2004, 69(2):025103

[80] Holmgren A J. Using graph models to analyze the vulnerability of electric power networks[J]. Risk analysis, 2006, 26(4):955-969

[81] 张国华,张建华,彭谦,等. 电网安全评价的指标体系与方法[J]. 电网技术, 2009, 33(8):30-34

[82] 丁明,韩平平. 加权拓扑模型下的小世界电网脆弱性评估[J]. 中国电机工程学报, 2008, 28(10):20-25

[83] 孟绍良,吴军基,王虎. 电网脆弱性评价的灵敏度分析法[J]. 电力系统及其自动化学报, 2011, 23(5):89-93

[84] 钟嘉庆,李颖,卢志刚. 基于属性综合评价方法的电网脆弱性分析[J]. 电力系统保护与控制, 2012, 40(2):17-22

[85] Bell M G. A game theory approach to measuring the performance reliability of transport networks[J]. Transportation Research Part B: Methodological, 2000, 34(6):533-545

[86] Berdica K. An introduction to road vulnerability: what has been done, is done and should be done[J]. Transport Policy, 2002, 9(2):117-127

[87] Husdal J. The vulnerability of road networks in a cost-benefit perspective[C]. Proceedings of the Transportation Research Board Annual Meeting (TRB 2005), Washington D C, USA, 2005:9-13

[88] Jenelius E, Petersen T, Mattsson L G. Importance and exposure in road network vulnerability analysis[J]. Transportation Research Part A: Policy and Practice, 2006, 40(7):537-560

[89] Sohn J. Evaluating the significance of highway network links under the flood damage: an accessibility approach[J]. Transportation Research Part A: Policy and Practice, 2006, 40(6):491-506

[90] Issacharoff L, Lämmer S, Rosato V, et al. Critical infrastructures vulnerability: the highway networks[M]// Dirk H. Managing complexity: Insights, concepts, applications. New York: Springer, 2008:201-216.

[91] Wilkinson S M, Dunn S, Ma S. The vulnerability of the European air traffic network to spatial hazards[J]. Natural Hazards, 2012, 60(3):1027-1036

[92] Fox S J. Flying challenges for the future: Aviation preparedness—in the face of cyber-terrorism[J]. Journal of Transportation Security, 2016, 9(3):191-218

[93] 涂颖菲,杨超,陈小鸿. 路网拓扑脆弱性及关键路段分析[J]. 同济大学学报(自然科学版), 2010, 38(3):364-367

[94] 杨露萍,钱大琳. 道路交通网络脆弱性研究[J]. 交通运输系统工程与信息, 2012, 12(1):105-110

[95] 李冰玉,秦孝敏. 城际铁路线网站点及线路的脆弱性分析[J]. 中国安全科学学报, 2013, 23(5):108-113

[96] 李航, 郭晓梅, 许珍, 等. 空间局域性灾害下网络系统的空间脆弱性研究[J]. 自然灾害学报, 2015(6): 19-32

[97] 李伯虎, 柴旭东, 朱文海, 等. 现代建模与仿真技术发展中的几个焦点[J]. 系统仿真学报, 2004, 16(9): 1871-1878

[98] 刘晓平, 唐益明, 郑利平. 复杂系统与复杂系统仿真研究综述[J]. 系统仿真学报, 2008(23): 6303-6315

[99] 王子才. 关于仿真理论的探讨[J]. 系统仿真学报, 2000, 12(6): 604-608

[100] 谢毅. 离散事件系统建模仿真及GPSSWorld教程[M]. 北京: 清华大学出版社, 2011

[101] Kossinets G, Watts D J. Empirical analysis of an evolving social network[J]. Science, 2006, 311(5757): 88-90

[102] Zhou Z, Irizarry J, Li Q. Using network theory to explore the complexity of subway construction accident network (SCAN) for promoting safety management[J]. Safety Science, 2014, 64: 127-136

[103] Lara-Cabrera R, Cotta C, Fernández-Leiva A J. An analysis of the structure and evolution of the scientific collaboration network of computer intelligence in games[J]. Physica A: Statistical Mechanics and its Applications, 2014, 395: 523-536

[104] Deng Y L, Li Q M, Lu Y. A research on subway physical vulnerability based on network theory and FMECA[J]. Safety Science, 2015, 80: 127-134

[105] Stapelberg R F. Infrastructure systems interdependencies and risk informed decision making (RIDM): impact scenario analysis of infrastructure risks induced by natural, technological and intentional hazards[J]. Journal of Systemics, Cybernetics and Informatics, 2008, 6(5): 21-27

[106] Brown T, Beyeler W, Barton D. Assessing infrastructure interdependencies: the challenge of risk analysis for complex adaptive systems[J]. International Journal of Critical Infrastructures, 2004, 1(1): 108-117

[107] Bueno N P. Assessing the resilience of small socio-ecological systems based on the dominant polarity of their feedback structure[J]. System Dynamics Review, 2012, 28(4): 351-360

[108] Ouyang M. Review on modeling and simulation of interdependent critical infrastructure systems[J]. Reliability Engineering & System Safety, 2014, 121: 43-60

[109] Bompard E, Napoli R, Xue F. Assessment of information impacts in power system security against malicious attacks in a general framework[J]. Reliability Engineering & System Safety, 2009, 94(6): 1087-1094

[110] Nan C, Sansavini G. A quantitative method for assessing resilience of interdependent infrastructures[J]. Reliability Engineering & System Safety, 2017, 157: 35-53

[111] 曹艳, 罗玉珊, 刘珊, 等. 地铁火灾事故下的安全疏散研究[J]. 灾害学, 2010, 25(S1): 371-371

[112] 王志如. 城市地铁网络运营结构复杂性与脆弱性评价及应用研究[D]. 南京: 东南大学, 2013

[113] 邓勇亮. 地铁系统物理脆弱性的评价及控制[M]. 南京：东南大学出版社，2018

[114] 商彦蕊. 灾害脆弱性概念模型综述[J]. 灾害学，2013，28(1)：112-116

[115] Hood J, Olivas T, Slocter C, et al. Vulnerability assessment through integrated transportation analysis[J]. Transportation Research Record Journal of the Transportation Research Board, 2003, 1822(1): 18-23

[116] Haimes Y Y. On the definition of vulnerabilities in measuring risks to infrastructures[J]. Risk Analysis, 2006, 26(2): 293-296

[117] Ezell B C. Toward a systems-based vulnerability assessment methodology for water supply systems[C]. Risk-Based Decisionmaking in Water Resources X, 2003: 91-103

[118] Adger W N. Vulnerability[J]. Global Environmental Change, 2006, 16(3): 268-281

[119] Birkmann J. Risk and vulnerability indicators at different scales: applicability, usefulness and policy implications[J]. Environmental Hazards, 2007, 7(1): 20-31

[120] White G F. Natural hazards, local, national, global[M]. Oxford: Oxford University Press, 1974

[121] Timmerman P. Vulnerability, resilience and the collapse of society: a review of models and possible climatic applications[M]. Toronto: Institute for Environmental Studies, University of Toronto, 1981

[122] Dow K. Exploring differences in our common future(s): the meaning of vulnerability to global environmental change[J]. Geoforum, 1992, 23(3): 417-436

[123] 周劲松. 山地生态系统的脆弱性与荒漠化[J]. 自然资源学报，1997，12(1)：10-16

[124] 叶正伟，朱国传，陈良. 洪泽湖湿地生态脆弱性的理论与实践[J]. 资源开发与市场，2005，21(5)：416-420

[125] Cutter S L. Vulnerability to environmental hazards[J]. Progress in Human Geography, 1996, 20(4): 529-539

[126] Watts M J, Bohle H G. The space of vulnerability: the causal structure of hunger and famine[J]. Progress in Human Geography, 1993, 17(1): 43-67

[127] Blaikie P, Cannon T, Davis I, et al. At risk: Natural hazards, people's vulnerability and disasters[M]. London: Routledge, 2004

[128] Bishop M, Bailey D. A critical analysis of vulnerability taxonomies[R]. Department of Computer Science at the University of California at Davis, 1996

[129] 刘远生. 计算机科学与技术[M]. 北京：清华大学出版社，2006

[130] Liu C C. Strategic power infrastructure defense (SPID)[J]. IEEE Control Systems, 2000, 20(4): 40-52

[131] Taylor M A P, Sekhar S V C, D'Este G M. Application of accessibility based methods for vulnerability analysis of strategic road networks[J]. Networks & Spatial Economics, 2006, 6(3): 267-291

[132] 尹洪英. 道路交通运输网络脆弱性评估模型研究[D]. 上海：上海交通大学，2011

[133] Svensson G. A conceptual framework of vulnerability in firms' inbound and

outbound logistics flows[J]. International Journal of Physical Distribution & Logistics Management, 2002, 32(2):110-134

[134] Jüttner U. Supply Chain risk management: Understanding the business requirements from a practitioner perspective[J]. International Journal of Logistics Management, 2005, 16(1):120-141

[135] Goodhart C A, Sunirand P, Tsomocos D P. A model to analyse financial fragility [J]. Economic Theory, 2006, 27(1):107-142

[136] 陶雄华. 金融体系脆弱性:理论分析与实证检验[J]. 中南财经政法大学学报, 2006 (5):59-62

[137] 张炜熙. 区域发展脆弱性研究与评估[D]. 天津:天津大学, 2006

[138] 李鹤, 张平宇. 东北地区矿业城市经济系统脆弱性分析[J]. 煤炭学报, 2008, 33(1): 116-120

[139] 周利敏. 社会脆弱性:灾害社会学研究的新范式[J]. 南京师范大学学报(社会科学版), 2012(4):20-28

[140] 周扬, 李宁, 吴文祥. 自然灾害背景下的社会脆弱性研究进展[J]. 灾害学, 2014(2): 128-135

[141] Smit B, Wandel J. Adaptation, adaptive capacity and vulnerability[J]. Global Environmental Change, 2006, 16(3):282-292

[142] Burton C G. Social vulnerability and hurricane impact modeling[J]. Natural Hazards Review, 2010, 11(11):58-68

[143] Turner B L, Kasperson R E, Matson P A, et al. A framework for vulnerability analysis in sustainability science[J]. Proceedings of The National Academy of Sciences, 2003, 100(14):8074-8079

[144] Lankao P R, Qin H. Conceptualizing urban vulnerability to global climate and environmental change[J]. Current Opinion in Environmental Sustainability, 2011, 3(3):142-149

[145] Günther I, Harttgen K. Estimating households vulnerability to idiosyncratic and covariate shocks: a novel method applied in Madagascar[J]. World Development, 2009, 37(7):1222-1234

[146] Berkes F. Understanding uncertainty and reducing vulnerability: lessons from resilience thinking[J]. Natural Hazards, 2007, 41(2):283-295

[147] Gallopín G C. Linkages between vulnerability, resilience, and adaptive capacity[J]. Global Environmental Change, 2006, 16(3):293-303

[148] Foster H D. Resilience Theory and system evaluation[M]//Wise J A, Hopkin V D, Stager P. Verification and validation of complex systems: human factors issues. Berlin, Heidelberg: Springer, 1993:35-60

[149] Baroud H, Ramirez-Marquez J E, Barker K, et al. Stochastic measures of network resilience: applications to waterway commodity flows[J]. Risk Analysis, 2014, 34(7):1317-1335

[150] Birkmann J. Measuring vulnerability to natural hazards: towards disaster resilient societies[M]. New York: United Nations University Press, 2006

[151] 海姆斯. 风险建模、评估和管理[M]. 西安: 西安交通大学出版社, 2007

[152] 陈天平, 郑连清, 张新源. HHM在信息系统风险识别中的应用[J]. 中国安全生产科学技术, 2008, 4(6): 98-100

[153] 马丽仪, 邱菀华, 杨亚琴. 大型复杂项目风险建模与熵决策[J]. 北京航空航天大学学报, 2010, 36(2): 184-187

[154] 吕周洋, 王慧敏, 张婕, 等. 南水北调东线工程运行的社会风险因子识别[J]. 水利经济, 2009, 27(6): 36-41

[155] 焦亮. 基于风险分析的部队车辆安全管理研究[D]. 长沙: 国防科技大学, 2010

[156] 韩利民, 李兴高, 杨永平. 地铁运营安全及对策研究[J]. 中国安全科学学报, 2004(10): 49-53

[157] 肖雪梅, 王艳辉, 贾利民. 基于复杂网络和熵的城轨路网运营安全评价模型[J]. 中国安全科学学报, 2011, 21(11): 41-48

[158] 熊义. 城市轨道交通运营安全人因风险评价研究[D]. 北京: 北京交通大学, 2012

[159] 刘娜. 地铁运营安全管理评价及研究[D]. 沈阳: 东北大学, 2013

[160] 姜林林, 左忠义. 基于ISM方法的城市轨道交通系统运营安全分析[J]. 中国安全科学学报, 2013(6): 172-176

[161] Guldenmund F W. The nature of safety culture: a review of theory and research[J]. Safety Science, 2000, 34(1-3): 215-257

[162] Grubesic T, Matisziw T. A typological framework for categorizing infrastructure vulnerability[J]. GeoJournal, 2013, 78(2): 287-301

[163] Gershon R R M, Qureshi K A, Barrera M A, et al. Health and safety hazards associated with subways: a review[J]. Journal of Urban Health-Bulletin of the New York Academy of Medicine, 2005, 82(1): 10-20

[164] 王子甲, 陈峰, 罗诚. 轨道交通车站检票闸机布局的仿真优化[J]. 北京交通大学学报, 2011 (6): 28-32

[165] Derrible S, Kennedy C. Evaluating, comparing, and improving metro networks application to plans for Toronto, Canada[J]. Transportation Research Record, 2010(2146): 43-51

[166] Criado R, Hernandez-Bermejo B, Romance M. Efficiency, vulnerability and cost: An overview with applications to subway networks worldwide[J]. International Journal of Bifurcation and Chaos, 2007, 17(7): 2289-2301

[167] Pederson P, Dudenhoeffer D, Hartley S, et al. Critical infrastructure interdependency modeling: a survey of U.S. and international research[R]. Idaho National Laboratory, 2006: 1-20

[168] 卢文龙. 城市轨道交通应急疏散的研究[D]. 北京: 中国铁道科学研究院, 2012

[169] 滕铁岚. 基础设施PPP项目残值风险的动态调控、优化及仿真研究[D]. 南京: 东南大学, 2016

[170] 袁晓芳. 基于情景分析与 CBR 的非常规突发事件应急决策关键技术研究[D]. 西安: 西安科技大学, 2011

[171] Scott J. Social network analysis: a handbook[M]. London: Sage Publication, 1991

[172] Abe S, Suzuki N. Scale-free network of earthquakes[J]. Europhysics Letters, 2004, 65(4):581-586

[173] Montoya J M, Solé R V. Small world patterns in food webs[J]. Journal of Theoretical Biology, 2002, 214(3):405-412

[174] Jiang B, Claramunt C. Topological analysis of urban street networks[J]. Environment and Planning B: Planning and Design, 2004, 31(1):151-162

[175] Lämmer S, Gehlsen B, Helbing D. Scaling laws in the spatial structure of urban road networks[J]. Physica A: Statistical Mechanics and its Applications, 2006, 363(1):89-95

[176] Watts D J, Strogatz S H. Collective dynamics of "small-world" networks[J]. Nature, 1998, 393(6684):440-442

[177] Barabási A-L, Albert R. Emergence of scaling in random networks[J]. Science, 1999, 286(5439):509-512

[178] Rechenthin D. Project safety as a sustainable competitive advantage[J]. Journal of Safety Research, 2004, 35(3):297-308

[179] 陈燕申, 李强. 美国城市轨道交通的安全统计与事故调查制度[J]. 城市轨道交通研究, 2012, 15(9):1-5

[180] 陈燕申, 陈思凯. 英国城市轨道交通的安全统计和报告解析[J]. 城市轨道交通研究, 2014, 17(1):7-12

[181] 陆莹. 地铁项目运营安全风险预测方法及应用[M]. 南京: 东南大学出版社, 2015

[182] Adduci R, Hathaway W, Meadow L. Hazard analysis guidelines for transit projects [R]. Washington, D C: US DOT Federal Transit Administration, 2000

[183] RSSB. Engineering Safety Management (The Yellow Book): Volumes 1 and 2[M]. London: Rail Safety and Standards Board, 2007

[184] 赵惠祥. 城市轨道交通系统的运营安全性与可靠性研究[D]. 上海: 同济大学, 2006

[185] De Nooy W, Mrvar A, Batagelj V. Exploratory social network analysis with Pajek [M]. Cambridge: Cambridge University Press, 2011

[186] 周志鹏. 城市地铁工程安全风险实时预警方法及应用[M]. 南京: 东南大学出版社, 2017

[187] 吴建军, 高自友, 孙会君, 等. 城市交通系统复杂性——复杂网络方法及其应用[M]. 北京: 科学出版社, 2010

[188] 汪小帆. 复杂网络理论及其应用[M]. 北京: 清华大学出版社, 2006

[189] 潘启东, 张瑞新, 赵红泽. 复杂网络理论在煤矿灾害研究中的应用探讨[J]. 煤矿开采, 2011, 16(4):1-4

[190] Albert R, Jeong H, Barabasi A L. Error and attack tolerance of complex networks [J]. Nature, 2000, 406(6794):542-542

[191] Holme P, Kim B J, Yoon C N, et al. Attack vulnerability of complex networks[J]. Physical Review E, 2002, 65(5):056109

[192] Freeman L C. Centrality in social networks conceptual clarification[J]. Social Networks, 1978, 1(3):215-239

[193] Callaway D S, Newman M E, Strogatz S H, et al. Network robustness and fragility: percolation on random graphs[J]. Physical Review Letters, 2000, 85(25):5468-5471

[194] Warfield J N. Toward interpretation of complex structural models[J]. IEEE Transactions on Systems Man and Cybernetics, 1974, 4(5):405-417

[195] Agarwal A, Shankar R, Tiwari M K. Modeling agility of supply chain[J]. Industrial Marketing Management, 2007, 36(4):443-457

[196] Mohammed I R, Shankar R, Banwet D K. Creating flex-lean-agile value chain by outsourcing: an ISM-based interventional roadmap[J]. Business Process Management Journal, 2008, 14(3):338-389

[197] 李靖, 张永安. 基于ISM的物流网络协同效应影响因素分析: 以苏宁电器为核心的物流网络为例[J]. 北京交通大学学报(社会科学版), 2011, 10(4):45-52

[198] 田彦清, 杨振宏, 李华, 等. 基于ISM和AHP的作业场所风险影响因素研究[J]. 中国安全科学学报, 2011(1):140-146

[199] 李乃文, 徐梦虹, 牛莉霞. 基于ISM和AHP法的矿工习惯性违章行为影响因素研究[J]. 中国安全科学学报, 2012(8):22-28

[200] 许晶, 刘山云, 佘廉. 基于ISM方法的群体性事件诱发因素研究[J]. 情报杂志, 2012(2):1-5,27

[201] 蔡建国, 赛云秀. 基于ISM的棚户区改造项目风险影响因素分析[J]. 科技管理研究, 2014(6):240-244

[202] Duperrin J C, Godet M. Méethode de hiérarchisation des éléments d'un systèm[C]. Rapport Economique du CEA, 1973:45-51

[203] Vivek S D, Banwet D K, Shankar R. Analysis of interactions among core, transaction and relationship-specific investments: the case of offshoring[J]. Journal of Operations Management, 2008, 26(2):180-197

[204] Lee Y-C, Chao Y H, Lin S-B. Structural approach to design user interface[J]. Computers in Industry, 2010, 61(7):613-623

[205] Guo Z, Li Y, Stevens K J. Analyzing Students' Technology Use Motivations: an Interpretive Structural Modeling Approach[J]. Communications of the Association for Information Systems, 2012, 30(14):199-224

[206] Khan U, Haleem A. Smart organisations: modelling of enablers using an integrated ISM and fuzzy-MICMAC approach[J]. International Journal of Intelligent Enterprise, 2012, 1(3-4):248-269

[207] 牟能冶, 李远辉, 徐海晶. 基于解释结构模型的绿色供应链驱动研究[J]. 交通运输工程与信息学报, 2015, 13(2):23-26,32

[208] 魏道江,李慧民,康承业.基于解释结构模型的知识共享影响因素分析[J].情报科学,2015(7):92-97

[209] 赵会茹,蒋慧娟,郭森.基于ISM和MICMAC模型的电网公司运营预警指标研究[J].陕西电力,2015(3):11-15

[210] 曹振华,赵平,胡跃清.概率论与数理统计[M].南京:东南大学出版社,2004

[211] 荣泰生.AMOS与研究方法[M].重庆:重庆大学出版社,2010

[212] 吴明隆.结构方程模型:AMOS的操作与应用[M].重庆:重庆大学出版社,2010

[213] 邱皓政.结构方程模型的原理与应用[M].北京:中国轻工业出版社,2009

[214] 魏建国,卿菁,胡仕勇.社会研究方法[M].北京:清华大学出版社,2016

[215] George D, Mallery P. SPSS for Windows step by step: a simple study guide and reference, 17.0 Update[M]. Boston: Allyn & Bacon, Inc, 2009

[216] Hair J F, Black W C, Babin B J, et al. Multivariate data analysis[M]. 6th ed. Upper Saddle River, N J: Prentice Hall, 2006

[217] Tabachnick B G, Fidell L S. Using multivariate statistics[M]. 5th ed. New York: Pearson Education Inc, 2006

[218] 王其藩.系统动力学[M].上海:上海财经大学出版社,2009

[219] 谢英亮,彭东生,徐华巍.系统动力学在建设项目财务评价中的应用[M].北京:冶金工业出版社,2010

[220] Sterman J D. Modeling managerial behavior: Misperceptions of feedback in a dynamic decision making experiment[J]. Management Science, 1989, 35(3): 321-339

[221] Salge M, Milling P M. Who is to blame, the operator or the designer? two stages of human failure in the Chernobyl accident[J]. System Dynamics Review, 2006, 22(2):89-112

[222] Cooke D L, Rohleder T R. Learning from incidents: from normal accidents to high reliability[J]. System Dynamics Review, 2006, 22(3):213-239

[223] Ng H, Peña-Mora F, Tamaki T. Dynamic conflict management in large-scale design and construction projects[J]. Journal of Management in Engineering, 2007, 23(2): 52-66

[224] Lê M, Law K. System dynamic approach for simulation of experience transfer in the AEC industry[J]. Journal of Management in Engineering, 2009, 25(4):195-203

[225] Minami N A, Madnick S. Dynamic analysis of combat vehicle accidents[J]. System Dynamics Review, 2009, 25(2):79-100

[226] Goh Y M, Love P E D, Stagbouer G, et al. Dynamics of safety performance and culture: a group model building approach[J]. Accident Analysis & Prevention, 2012, 48:118-125

[227] Han S, Saba F, Lee S, et al. Toward an understanding of the impact of production pressure on safety performance in construction operations[J]. Accident Analysis & Prevention, 2014, 68:106-116

[228] 贾仁安,丁荣华. 系统动力学——反馈动态性复杂分析[M]. 北京:高等教育出版社,2002

[229] 马明,严新平,吴超仲. 基于系统动力学的车辆追尾事故仿真分析模型[J]. 系统仿真学报,2009(11):3161-3165

[230] 李存斌,陆龚曙. 工程项目风险元传递的系统动力学模型[J]. 系统工程理论与实践,2012(12):2731-2739

[231] 杨晓冬,武永祥. 绿色住宅市场的系统动力学仿真研究[J]. 土木工程学报,2013(8):119-122

[232] 王欣,左忠义. 基于系统动力学的高铁安全管理研究[J]. 中国安全科学学报,2013(10):158-163

[233] 宋亮亮,李启明,陆莹,等. 城市地铁系统脆弱性影响因素研究[J]. 中国安全科学学报,2016,26(5):64-69

[234] Leveson N. Engineering a safer world: Systems thinking applied to safety[M]. USA: MIT Press, 2011

[235] 何刚,张国枢,陈清华,等. 煤矿安全生产中人的行为影响因子系统动力学(SD)仿真分析[J]. 中国安全科学学报,2008,18(9):43-47

[236] 何刚. 基于系统动力学的煤矿安全管理水平仿真研究[J]. 系统仿真学报,2010,22(8):2013-2017

[237] 沈斌. 基于系统动力学的安全生产监管有效性研究[J]. 中国安全科学学报,2012,22(5):87-93

[238] 王欣,左忠义. 基于系统动力学的高铁安全管理研究[J]. 中国安全科学学报,2013,23(10):158-163

[239] 杨佳丽,栗继祖,冯国瑞,等. 矿工不安全行为意向影响因素仿真研究与应用[J]. 中国安全科学学报,2016,26(7):46-51

[240] 丁松滨,石荣,施和平. 基于系统动力学的空中交通系统安全管理研究[J]. 交通运输工程与信息学报,2006,4(4):1-6

附录　关于地铁系统运行脆弱性的专家调查

敬启者：您好！

　　我是东南大学土木工程学院 2012 级博士研究生。本问卷调查是基于国家自然科学基金项目"城市地铁网络系统运行脆弱性评价方法及动态监控研究(51178116)"的学术性调查，问卷的目的在于调查城市地铁系统脆弱性影响因素的重要程度。希望本研究能够为城市地铁运营提供有意义的研究成果，提高地铁运营过程中车辆系统的安全性。

　　基于您的宝贵实践经历与研究经验，诚恳期待您能拨冗填写，我们将认真分析您的问卷信息并与您分享此次问卷调查的研究结果。

　　我们保证，本次问卷的调查数据仅用于学术研究，对您个人资料和回答的信息内容保密。非常感谢您对我们工作的配合与支持！

　　谢谢您的关注和参与！祝您身体健康，工作顺利！

宋亮亮 博士　李启明 教授
东南大学建设与房地产研究所，逸夫建筑馆 13 楼，四牌楼 2 号，南京，中国，210096

说　明：

　　地铁系统的运行脆弱性是指由于受到内、外随机因素的扰动，地铁系统具有使得表征系统某一特征的系统结构、系统状态和系统行为发生变化的性质。地铁系统运行的内在脆弱性受多方面因素的影响，这些影响因素会对脆弱性的贡献度和重要度亦不相同。请根据您的经验和判断，对各个影响因素的重要度进行评分，选择相应的得分，在表格内打"√"选择即可。地铁系统脆弱性影响因素得分共有五个等级，分别为：

　　1—可以忽略；　　2—可能重要；　　3—重要；　　4—很重要；　　5—极其重要。

一、基本资料

1. 您的年龄：(　　)
   A. 21～30 岁　　B. 31～40 岁　　C. 41～50 岁　　D. 50 岁以上
2. 您从事地铁运营相关工作或地铁运营安全相关研究的年限：(　　)
   A. 1～3 年　　B. 3～5 年　　C. 5～7 年　　D. 7 年及以上
   注：年限范围包括上限，不包括下限。
3. 您的工作性质：(　　)
   A. 研究学者

  B. 公司职员(请您说明具体岗位)_____

4. 您的学历是:(　　)

  A. 高中、中专及以下　　　　　　B. 大学、大专

  C. 硕士　　　　　　　　　　　　D. 博士

5. 您经历事故的情况:(　　)

  A. 没有　　　　　　　　　　　　B. 经历过一些隐患事件

  C. 经历过一些小事故　　　　　　D. 经历过较大的事故

6. 您认为造成地铁系统运行脆弱性最主要的原因是:(　　)

  A. 人员因素　　B. 设备设施因素　　C. 环境因素　　D. 管理因素

  E. 结构因素　　F. 应急因素　　　　G. 其他(请您列出)_____

二、地铁系统脆弱性影响因素的重要度评估

地铁系统脆弱性影响因素		重要程度				
		1	2	3	4	5
人员因素	HU_1:人员技术业务水平	□	□	□	□	□
	HU_2:人员安全意识	□	□	□	□	□
	HU_3:人员自身素质	□	□	□	□	□
	HU_4:人员身心状态	□	□	□	□	□
设备设施因素	FA_1:设备设施状态	□	□	□	□	□
	FA_2:设备设施性能	□	□	□	□	□
	FA_3:设备设施防护	□	□	□	□	□
环境因素	EN_1:自然环境	□	□	□	□	□
	EN_2:社会环境	□	□	□	□	□
	EN_3:运营环境	□	□	□	□	□
管理因素	MA_1:安全投入	□	□	□	□	□
	MA_2:教育培训	□	□	□	□	□
	MA_3:规章制度	□	□	□	□	□
	MA_4:组织架构	□	□	□	□	□
结构因素	ST_1:车站布局	□	□	□	□	□
	ST_2:路网拓扑结构	□	□	□	□	□
	ST_3:设备设施关联性	□	□	□	□	□
应急因素	EM_1:应急管理计划	□	□	□	□	□
	EM_2:应急处置效率	□	□	□	□	□
	EM_3:应急资源保障	□	□	□	□	□

非常感谢您的真诚合作！
若您觉得尚有其他因素对于地铁系统运行脆弱性研究是重要的，请您提出宝贵的意见，不胜感激！
_____
_____

如果您想获得一份此次调查问卷的研究结果，请填写您的姓名及联系方式，并随同问卷一并电邮发回。

姓　　名：_____；电子邮件：_____；
电　　话：_____；传　　真：_____；
通信地址：_____